J 노믹스 vs. 아베 노믹스

※ 이 책은 방일영문화재단의 지원을 받아 저술·출판되었습니다.

방현철 지음

J
노믹스 vs.

대 통 령 의 경 제 학
'노믹스'에서 찾는 경제 비전

아베
노믹스

이콘

머리말. '노믹스'는 과학인가, 종교인가 _008

1장| J노믹스의 탄생

우리나라 최초의 '케인스주의 대통령'의 출현 _021

위기 때마다 부활하는 케인스주의 _026

J노믹스의 '네 바퀴 성장론' _034

성장 담론으로의 전환, '경제 대통령 만들기' 프로젝트? _038

초이노믹스의 소득 주도 성장 _044

과연 케인스주의는 자리잡을 수 있을 것인가 _048

2장| 아베노믹스의 탄생

아베 총리는 케인스주의자인가 _057

'경제 문외한'에서 '경제 총리'로, 아베의 절치부심 _062

그는 왜 '리플레파'와 손잡았는가 _066

일본은행의 변신, QE가 아닌 QQE _071

세번째 화살, 일본의 구조 개혁 _078

아베의 소득 주도 성장? 임금 인상을 유도하는 세 가지 정책 _082

3장ㅣ 크루그먼, 버냉키, 서머스, 그리고……

리플레파, 크루그먼을 끌어들이다 _091

버냉키가 일본에서 찾은 미국 위기 탈출법 _097

불황에 대한 새케인스주의의 해법 _103

서머스의 장기 침체론 vs. 버냉키의 과잉 저축론 _108

서머스의 대안, 포용적 성장론 _114

새케인스주의와 아베노믹스, J노믹스 _119

4장ㅣ 포스트 케인스주의와 J노믹스

포스트 케인스주의자들의 임금 주도 성장 _125

포드의 임금 인상과 '효율 임금 가설' _133

'소득 주도 성장'은 한국형 '임금 주도 성장' _138

최저임금 인상 효과, 논란과 논쟁 _144

중국과 일본의 임금 주도 성장 _150

포스트 케인스주의와 슘페터주의 _155

5장 | 케인스주의에서 구조 개혁으로, '시코노믹스'

'의사 케인스의 중국 환자' _161

케인스주의에 대한 중국의 반성 _167

시코노믹스의 등장과 공급측 구조 개혁론 _171

'대중창업'을 외치는 중국의 혁신 성장 _178

서구의 뉴 노멀, 중국의 신창타이 _182

시코노믹스의 공급측 구조 개혁과 아베노믹스, J노믹스 _187

6장 | J노믹스, 아베노믹스, 그리고 한국 경제의 미래

'성장' 약속과 재정 뒷받침 능력 _195

J노믹스엔 없고, 아베노믹스엔 있는 것 _202

20년 시차를 두고 일본 경제를 닮아가는 한국 경제 _207

경제의 '일본화'는 피할 수 없는 길일까 _212

J노믹스와 아베노믹스의 대기업 정책 _217

아베노믹스에서 찾는 J노믹스의 미래 _222

맺음말. 성장 담론도 스토리가 있어야 한다 _228

주 _241

참고문헌 _248

'노믹스'는 과학인가, 종교인가

리처드 닉슨 전 미국 대통령의 스피치 라이터 윌리엄 새파이어는 닉슨의 임기가 시작되던 1969년 초 '닉소노믹스Nixonomics'란 단어를 고안했다. 닉슨의 성에 경제학을 뜻하는 'Economics'를 결합한 것이다. 그는 케네디, 존슨 등 민주당 출신 대통령들이 표방했던 '신경제정책new economy poliy'에 대항하는 경제정책을 편다는 의미로 이 용어를 사용하고자 했다. 그러나 백악관은 "너무 작위적인 느낌을 준다"는 이유로 쓰지 않았다. 만약 백악관에서 그의 제안을 받아들였다면, 새파이어는 대통령의 경제정책에 '노믹스'를 붙인 신조어를 만들어낸 첫번째 주인공이 됐을 것이다.

닉소노믹스란 신조어를 만든 사람이란 타이틀은, 케네디 대통령 시절 경제자문위원회 의장이었던 월터 헬러 미네소타대 교수에게 돌아갔다. 헬러 교수는 1969년 10월 한 연설에서 닉슨의 경제정책을 비난하기 위해 닉소노믹스를 공개적으로 사용했으며, 이를 통해 닉소노믹스란 말을 처음 쓴 사람으로 미국 국민들에게 알려졌다. 하지만 닉소노믹스를 유행어로 만든 사람은 또 따로 있다. 래리 오브라이언 당시 민주당 전국위원회 의장은 "닉소노믹스는 올라야 할 것들(증시, 기업 이익, 소득, 생산성)은 떨어지고, 떨어져야 할 것들(실업, 물가, 금리)은 오르는 걸 뜻한다"며 닉슨의 경제정책을 비판했다. 닉소노믹스는 닉슨의 '대담한 경제정책'이란 뜻으로 퍼질 뻔했지만, 반대파들이 용어의 사용을 선점하는 바람에 닉슨의 '나쁜 경제정책'으로 낙인찍혀버렸다.

대통령의 경제학,
'노믹스'들의 흥망성쇠

실제 닉슨 대통령의 경제정책은 혼돈의 연속이었다. 집권 초기엔 감세 등을 추진했지만, 경기가 살아나지 않자 케네디, 존슨 등 전임자들이 진행한 '케인스주의'식 재정 확대 정책을 빌려왔다. 그러나 재정으로 돈을 풀면서 물가와 임금이 오르자 '소득정책income policy'이란 이름으로 통제하기도 했다. 1971년엔 금金태환 금지 조치를 발표해 '닉슨 쇼크'를 일으키기도 했다. 닉슨 대통령은 전통적으로 시장의 자율적인 작동을 보장하자고 주장하는 공화당 출신이다. 하지만 경기를 회복시켜야 한다는 압박감에 과거 케네디 정부 시절 성공적이라고 평가받았던 케인스주의식 정책을 받아들였다. 그 결과 공화당 출신 대통령임에도 시장에 대한 정부 개입을 늘리고, 재정을 확대하고, 규제를 옹호하는 민주당식 경제정책을 채택했다. 시장 참가자들은 어리둥절해했다.

'대통령의 경제학', 다시 말하면 대통령의 성명과 '노믹스'를 결합한 단어가 긍정적인 의미를 갖게 되기까진 10여 년이 흘러야 했다. 1981년 집권한 로널드 레이건 대통령 때 비로소 미국 대중은 '노믹스'가 붙은 대통령의 경제정책을 긍정적으로 받아들였다. 레이건의 경제정책은 '레이거노믹스Reaganomics'란 별명으로 불렸다. 감세, 규제 완화 등을 주장했던 레이거노믹스는 마거릿 대처 영국 총리의 '대처주의Thatcherism'와 더불어 보수주의 경제정책을 상징하는 용어가 됐다. 레이거노믹스는 레이건의 지지자였던 ABC 라디오 진행자 폴 하비가 1980년 대선 운동기간에 자주 써서 유행시킨 것으로 알려져 있다. 레이건 대통령은 선거기간 동안 지나친 세금 부담, 과도한 정부 규제, 엄청난 사회복지 지출이 미국의 성장을 막는 주범이라고 주장했다. 그리고 대통령이 되자 감세, 재정 삭감, 규제 완화 등을 추진했다. 소득세 최고세율은 70퍼센트에서 28퍼센트까지 끌어내렸고, 법인세 최고세율은 48퍼센트에서 34퍼센트로 낮췄다. 레이건의 경제 메시지는 너무나 강렬했고, 레이거노믹스가 경제를 살린다는 믿음이 대중적으로 퍼졌다. 레이거노믹스의 바탕에는 감세 등으로 경제의 공급능력을 강화하자는 '공급측 경제학supply—side economics'이 깔려 있었다.

레이건 대통령의 재임기간 8년 동안 미국의 평균 성장률은 3.5퍼센트를 기록했다. 닉슨 대통령 때 2.8퍼센트, 카터 대통령 때 3.3퍼센트였던 것과 비교하면 상황이 나아졌고, 특히 일자리 창출에서 큰 성과를 거뒀다. 레이건은 재임 8년 동안 1,590만 개의 일자리를 만들어 냈다. 2,290만 개를 만든 미국 1위 일자리 대통령 빌 클린턴에 이어 두번째로 가장 많은 일자리를 만들었다는 평가다. 다만 레이건은 구소련과 군비 경쟁을 벌이면서, 재정 허리띠를 졸라매겠다는 약속과 달리 미국의 국가부채를 크게 늘렸다.

레이거노믹스가 대중적인 성공을 거두자 이후 대통령 성명에 '노믹스'를 붙이는 게 유행처럼 퍼졌다. 하지만 '노믹스'를 붙였다고 해서 꼭 대중에게 회자된 건 아니다. '트럼프노믹스' '오바마노믹스'는 사람들 입에 오르내렸지만 '부시노믹스'는 거의 쓰이지 않았다. 반드시 대통령 이름이 들어간 것도 아니다. '클린턴노믹스'보다는 클린턴 정부 시절 재무장관이었던 로버트 루빈의 이름을 딴 '루비노믹스'가 더 유행하기도 했다.

세계적으로도 정치인의 이름을 붙인 '노믹스'가 유행이 됐다. 최근엔 아베 신조 일본 총리의 경제정책을 뜻하는 '아베노믹스'나 나렌드라 모디 인도 총리의 경제정책을 의미하는 '모디노믹스'가 자주 눈에 띈다. 한국도 예외는 아니다. 김대중 정부의 'DJ노믹스', 이명박 정부의 'MB노믹스' 등이 있다. 박근혜 정부 시절 최경환 경제부총리의 이름을 붙인 '초이노믹스'도 언론의 주목을 받았다. 그리고 문재인 정부가 출범하면서 'J노믹스'를 들고나왔다.

노믹스는 유행을 탄다. 예컨대 보수주의 정권이라면 감세, 규제 완화를 외친 레이거노믹스를 칭송하고, 진보주의 정권이라면 부자 증세, 재정 확대를 강조한 오바마노믹스를 치켜세운다. 각각의 노믹스들은 경제이론에 바탕을 두고 있고, 경제학은 사회'과학'의 꽃이라고 할 정도로 과학적 방법론을 따르는데도 말이다. 객관적 과학이 바탕에 깔려 있다면 유행을 탄다는 것은 말이 되지 않는다. 과학에서는 새로운 이론이 맞다고 검증되면 과거 이론은 폐기되거나 제한된 조건 하에서만 적용된다.

그렇지만 노믹스들의 흥망성쇠를 보면 어젠 틀리다고 했던 경제이론이 오늘은 맞는 이론으로 부활하는 일이 비일비재하다. 예컨대 실패한 시장을 교정하기 위해 정부가 개입해야 한다고 주장하는 케인스주의는 1950~1970년대 미국에서 대유행했고, 경제정책 분야에도 깊숙하게 반영됐다. 케네디 대통령의 경제정책은 케인스주의를 따랐고, 앞서 언급했듯이 닉슨노믹스의 바탕도 케인스주의였다. 하지만 1980년대 들어 물가가 급등하면서 실업도 늘어났고, 케인스주의가 약속했던 안정적 성장은 눈앞에서 사라졌다. 학계에서도 케인스주의에 대한 믿음이 증발해버렸다. 대신 '시장에 개입해선 안 된다'는 입장의 밀턴 프리드먼 시카고대 교수가 주창한 통화주의가 풍미했다. 오늘날 프리드먼은 20세기 후반의 가장 영향력 있는 경제학자 중 한 명으로 꼽힌다. 그러나 레이건 대통령이 레이거노믹스로, 대처 영국 총리가 대처주의로 자유 시장에 대한 믿음을 전파하기 전까지 프리드먼은 변방의 인물이었다. 그러다 정치인들이 레이거노믹스 등으로 프리드먼의 생각을 알리고, 선거에 당선되었으며, 사회를 재구성했다. 프리드먼의 복음이 경제정책의 주류가 된 것이다. 1990년대엔 여기서 더 나아가, 시장 만능주의에 가까운 '워싱턴 컨센서스'로 대표되는 신자유주의 경제학의 물결이 들이닥쳤다. 그러다 2008년 글로벌 금융위기가 터진 후로는 다시 케인스주의의 바람을 탄 오바마노믹스 등이 유행했다.

노믹스들은 왜 유행을 탈까. 그 바탕이 되는 경제학이 유행을 타기 때문이다. 경제학은 과학처럼 증거를 토대로 확증받는 게 아니라 종교와 비슷한 방식으로 이론을 확산시키기 때문에 유행을 탄다는 지적을 받는다. 마치 종교 지도자들이 신도들을 끌어모으듯 지지자를 많이 확보하면 옳은 경제이론으로 간주된다는 것이다. 그래서 경제학은 정치인과 일반 대중 사이에서 지지를 얻고자 노력한다. 주류경제학도 대중의 지지를 잃으면 이단이 되고, 이단이라고 배척받던 이론도 대중의 지지를 받으면 주류로 올라선다. 그 가운데 경제이론의 경전을 지키는 성직자 같은 역할을 하는 경제학자들이 있으며, 정치인들은 경제이론의 전도사가 되어 대중에게 믿음을 전파한다. 그 결과물이 '노믹스'란 형태로 나타난다.

물론 그렇다고 해서 경제학과 노믹스들을 종교와 동일시할 수는 없다. 믿음으로 시작했다고 하더라도 과학처럼 실험으로 증명돼야 하기 때문이다. 경제학적 실험은 실제 경제를 대상으로 하기 때문에 검증에 시간이 걸리고, 결과 또한 명확하게 판단하기 쉽지 않다. 그래서 유행이 한순간에 사라지지는 않는다. 그럼에도 결국 실험 결과는 나오고 이론의 운명도 결정된다. 예컨대 1980년대 케인스주의가 쇠퇴한 이유는, 그 이론으로는 설명할 수 없는 스태그플레이션이 왔기 때문이다. 즉, 돈을 풀어 경기를 조정할 수 있다는 케인스주의가 도리어 물가를 앙등시키고 대량실업을 발생시키는 결과를 가져왔고, 이로써 실패를 맞이한 것이다.

2008년 글로벌 금융위기 이후 세계적으로 주목받고 있는 경제학 흐름은 다시 케인스주의다. 주요국들은 먼지 쌓인 케인스주의 이론들을 꺼내 각종 실험에 나섰으며, 여러 노믹스들도 케인스주의에 바탕을 둔 사례가 많다. 그렇게 10년 가까이 흘렀다. 2017년, 위기 이후 처음으로 선진국과 신흥국 모두 경제 회복의 봄바람이 불었다. 2018년 현재 트럼프의 무역전쟁 위협, 미국의 금리 인상, 중국의 과다 부채 리스크 등 여전히 산재하는 위험요인에도 불구하고, 세계 경제가 정상 상태로 한걸음 더 나아갈 것이란 기대가 높다. 하지만 위기 이전의 성장세와 비교하면, 세계 경제의 상황은 수술을 마친 환자가 중환자실에서 일반 병실로 옮긴 정도에 비유할 수 있다. 글로벌 금융위기 이후 진행된 거대한 케인스주의 방식의 경기 회복 실험이 다시 성장을 불러오지 못하면, 정치인과 일반 대중은 또다른 경제이론과 노믹스들을 찾게 될 것이다.

왜 'J노믹스'와 '아베노믹스'인가

이 책은 수많은 노믹스들 중에서 한국의 J노믹스와 일본의 아베노믹스를 주로 다루려고 한다. 이유는 크게 세 가지다.

첫째, 저성장의 늪에 빠진 한국과 일본에서 새로운 성장 모델을 모색하려고 하기 때문이다. 한국 경제는 약 20년의 시차를 두고 일본 경제를 따라가고 있다. '잃어버린 20년'이라는 장기불황에 빠졌던 일본이 아베노믹스를 들고나왔고, 이제 막 저성장기의 초입에 들어선 듯한 한국이 J노믹스를 들고나왔기에 둘을 비교하는 것은 큰 의미가 있다는 생각이다.

둘째, J노믹스와 아베노믹스 모두 케인스주의를 바탕으로 하고 있다는 점 때문이다. 케인스주의는 1930년대 세계대공황의 해법을 모색하는 가운데 탄생했고, 1950~1970년대 세계 주요국 경제정책의 뿌리가 됐다. 하지만 이후 동아시아의 경제 개발 과정에서 케인스주의는 그다지 주목받는 흐름이 아니었다. 그런데 J노믹스와 아베노믹스는 케인스주의를 해법으로 들고나왔다는 점에서 주목할 만하다.

셋째, J노믹스와 아베노믹스의 차이점을 비교하는 가운데 한국 경제가 일본 경제와 반드시 같은 길을 가지 않을 수도 있다는 희망을 찾으리라고 생각하기 때문이다. 한국 경제가 20년 시차를 두고 일본 경제를 따라간다면 우리 앞에 '20년 불황'이 놓여 있다는 얘기가 된다. 그렇지만 한국 경제와 일본 경제의 차이점을 비교하면서 성장의 해법을 찾아낼 수 있다면 비관론에 빠질 필요가 없다.

그 밖에 중국 시진핑 정부의 '시코노믹스'에 대해서도 일부를 할애했다. 2008년 글로벌 금융위기 직후 케인스주의식 해법을 채택했다가 거품이 끼는 부작용을 발견하고 또다른 성장 모델을 모색하고 있는 중국의 사례에서 시사점을 얻을 수 있다고 생각하기 때문이다.

이 책은 경제학적 지식이 어느 정도 있으면서도, 경제정책 수립 과정과 그 작동 기제(메커니즘)에 관심이 있는 사람을 대상으로 했다. 그렇지만 아주 고급스럽거나 심층적인 이론 내용을 담지는 않았다. 필자의 능력을 벗어날뿐더러 경제학에 능통한 고급 독자들을 겨냥한 것이 아니기 때문이다. 경제학을 꿰뚫고 있지 않은 사람도 이 책을 읽으면 J노믹스와 아베노믹스가 등장한 배경과 큰 흐름을 이해할 수 있을 것이라고 생각한다. 더 나아가 시코노믹스의 등장 의미까지 이해하면 한국, 중국, 일본, 동아시아 3국의 경제가 맞닥뜨린 고민을 어느 정도 알 수 있게 될 것이다. 독자들에게 그 정도 도움을 준다면 이 책을 쓴 목적은 달성한 것이라고 생각한다.

J노믹스나 아베노믹스 모두 케인스주의에 바탕을 두고 있다. 과학적인 경제이론이 뒷받침돼 있다고 생각하기 쉬우나, 결국은 믿음의 체계다. 실제 성공 여부는 이 정책들이 약속하는 것을 대중이 얼마나 믿느냐에 좌우된다. 아베노믹스가 시작된 지 5년이 지났지만 '반쪽의 성공'이라고 불리는 이유는 일본 국민들이 아직 아베노믹스의

'성장' 약속을 믿고 있지 않기 때문이다. 게다가 J노믹스와 아베노믹스 둘 다 실험적인 모델이기에, 실제 실험 도중 실패할지 모를 위험성이 여전히 존재한다. 그런 만큼 이 책은 아직 현재 진행형인 얘기들을 다루고 있다. 언젠가 J노믹스와 아베노믹스가 마무리되고 본격적인 성과와 미비점, 정책 교훈 등에 대해 토론할 때가 올 것이다. 그때가 되면 도움이 될 만한 아이디어도 제시하고자 했다. 필자는 J노믹스와 아베노믹스가 어떻게 작동하고 진화해나가는지 앞으로도 계속 지켜보려고 한다.

2018년 7월 방현철

1장 코믹스의 탄생

우리나라 최초의
'케인스주의 대통령'의 출현

　19대 대통령 선거운동이 한창이던 2017년 4월 14일, 문재인 대통령(당시 더불어민주당 대선 후보)이 서울 태평로 프레스센터를 찾았다. 대한상공회의소(이하 '대한상의')가 마련한 대선 후보 특별강연에 참석하기 위해서였다. 당시 대한상의는 주요 정당 대선 후보들을 돌아가면서 초청해, 그들의 경제정책을 듣고 기업인들의 제언을 전달하는 자리를 마련했다. 문재인 대선캠프에서 경제 비전을 총괄하던 김상조 '새로운대한민국위원회' 부위원장(현재 공정거래위원장)은 이날 기자들에게 대한상의 강연에서 있었던 일을 소개했다. 문재인 후보와 박용만 대한상의 의장 사이에 오간 대화였다. 그날 더불어민주당의 공식

브리핑에선 나오지 않은 이야기였다.

"박 의장이 '경제학의 과제는 정부가 해야 할 일과 하지 말아야 할 일을 구분하는 것'이라는 케인스 이론을 인용해 문 후보에게 말을 건넸다. 그러자 문 후보는 곧바로 '케인스의 그다음 말이 뭔지 아시죠?'라고 답했다. '정치의 과제는 그 정부가 해야 할 일을 민주주의 틀 내에서 수행하는 것이다'가 그다음 문구인데, 문 후보는 '이것이 저의 경제철학'이라고 언급했다."

문 후보와 박 의장이 언급했다는 케인스의 말은 1926년 출간된 「자유방임의 종언The End of Laissez—faire」이란 팸플릿에 나온 글귀다. 케인스는 "지금 경제학자의 주요한 역할은 정부의 어젠다와 비非어젠다를 구별하는 것이다. 그리고 정치의 역할은 그런 어젠더를 수행할 수 있는 정부의 형태를 민주주의 틀 내에서 고안하는 것이다"*라고 했다.

영국 출신의 존 메이너드 케인스(1883~1946년)는 1930년대 세계를 주름잡던 경제학자다. 세계대공황 때 케인스는 경제위기를 벗어나기 위해 적극적인 재정정책이 필요하다고 강력하게 주장했고, 이는 '케인스주의'라는 경제학의 새로운 흐름으로 발전했다. 케인스 이전까지만 해도 경제학의 주류는, 정부는 경제에 개입하지 말고 시장에 맡기면 된다는 '자유방임주의'였다.

---

* Perhaps the chief task of Economists at this hour is to distinguish afresh the *Agenda* of Government from the *Non-Agenda*; and the companion task of Politics is to devise forms of Government within a Democracy which shall be capable of accomplishing the *Agenda*.

김상조 부위원장이 대한상의에서 있었던 일화를 토대로 "케인스의 말이 문 후보의 경제철학"이라고 설명하면서 '문재인 대선 후보는 케인스주의자'라는 생각이 많은 사람들의 뇌리에 깊이 박혔다. 김 부위원장은 가장 존경하는 인물로 케인스를 꼽고, 학문적 스승으로 한국의 대표적인 케인스주의 경제학자인 정운찬 전 국무총리를 꼽는 사람이다. 그만큼 케인스주의를 옹호하는 입장이다. 김 부위원장은 일부 언론과의 인터뷰에서 "문재인 정부는 출범 초기부터 대단히 적극적인 케인지언(케인스주의) 정책 기조여야 한다"고 하기도 했다. 그는 문재인 후보의 생각이 케인스주의라고 강하게 주장하고 싶었을지도 모른다. 사실 김 부위원장은 대선 막바지 문 후보의 주요 '경제 교사' 중 한 명이었다. 2016년 말부터 2017년 2월 초까지 문 후보를 다섯 차례 정도 만나면서, 재벌 문제 등에 대해 상세히 설명하고 시각을 공유한 것으로 알려져 있다.

　문재인 대통령은 자신의 경제 공약이 '케인스주의'에 바탕을 두고 있다고 명시적으로 밝히진 않았다. 그러나 문 대통령의 대선 공약을 보면 집권 후 경제정책이 재정의 역할을 강조하는 케인스주의로 흐를 것이라는 사실이 분명했다. 문 대통령은 후보 시절인 4월 12일 경제 비전을 발표하면서 "살림이 어렵다고 소극적인 재정계획을 세워서는 안 된다는 것이 OECD(경제협력개발기구), IMF(국제통화기금) 등 국제 기구의 권고사항이며, 국민들도 공감하고 있다"고 했다. 동시에 "현재 '중기 국가재정 운용계획'은 연평균 3.5퍼센트의 (재정지출) 증가를 예정하고 있지만, 연평균 7퍼센트 수준으로 적극 확대하겠다"라며 '재정 확대주의자'라는 것을 명확하게 밝혔다. 집권하자마자 경제 성장을 위해 대규모 재정자금을 추가 편성·집행하겠다며 10조 원 상당의 추가경정예산(추경)도 편성하겠다는 의지를 밝혔다.*

　문재인 대통령의 경제 공약은 재정 확대 외에도 케인스주의의 유산을 또 한 가지 품고 있었다. 바로 '소득 주도 성장'이다. 이는 케인스주의의 후계자들인 포스트 케인스학파가 주장하는 '임금 주도 성장'을 한국 실정에 맞게 변형한 것이다. 근로자, 자영업자 등 국민의 소득을 높여 소비와 투자를 활성화시킴으로써 성장으로 이어가자는 논리다. 문재인 대통령은 대선 후보 시절 경제 비전을 발표하는 자리에서 소득 주도 성장을 직접 언급하지는 않았다. 다만 일자리 문제를 해결하는 방식을 과거와 달리하겠다고 하면서, 그 방법으로 소득 주도 성장론자들이 얘기하는 방법론을 빌려왔다. 그는 "그간의 경제정책은 기업에 사회적 지원을 몰아주는 것이 시작이었고, 기업에 투자하면 국민에게 혜택이 전달되는 낙수효과를 기대하고 추구했다"며 "그러나 한계가 확인됐고, 순서를 바꾸겠다"고 했다. 문 대통령은 후보 시절 소득 주도 성장에 대해 "비상 경제 대책 차원에서 사람에 대한 투자가 이뤄져야 한다. 인간다운 삶의 기본 조건을 충족하고 양극화 완화와 계층 간 이동성을 높여야 한다"라고 표현했다.

---

* 실제 문재인 정부는 2017년 7월, 10조 2,000억 원 규모의 추가경정예산을 편성했다.

문재인 대통령의 '소득 주도 성장'은 포스트 케인스학파의 '임금 주도 성장'을 변형한 것이기 때문에 케인스주의와 연결고리가 있다. 임금 주도 성장은 근로자들의 임금이 높아지면 단기간 소비가 증가하는 데서 그치지 않고, 장기적으로 기업이 투자를 늘리게 된다고 주장한다. 사실 케인스는 "장기적으로 우리는 모두 죽는다"고 하면서 장기 성장에 대한 이야기는 거의 꺼내지 않았다. 그럼에도 불구하고 케인스의 주장을 계승·발전시킨 포스트 케인스주의자들은 케인스 저작에서 임금 주도 성장론의 단초를 찾는다. 케인스의 대표 저작 『고용, 이자, 화폐의 일반이론The General Theory of Employment, Interest and Money』에는 다음과 같은 글귀가 있다. "저축은 필요 이상으로 많으며, 소비성향을 증가시킬 수 있도록 소득의 재분배를 도모하는 제 방안은 자본의 성장에 적극적으로 기여하게 될 것이다. (중략) 관습적인 소비성향의 증가가 일반적으로 (즉, 완전고용의 경우를 제외하고는) 투자 유인을 동시에 증가시키는 데 도움이 되는데 (후략)"[1] 다시 말하면 소비성향이 높은 저소득층의 소득이 늘어나도록 하면 투자 유인을 늘려 장기적인 자본의 성장에 기여하게 될 것이라는 얘기다.

여하튼 문재인 대통령이 대선 후보 시절 내세웠던 핵심적 경제 공약인 재정 확대와 소득 주도 성장은 모두 케인스의 주장에 뿌리를 두고 있다. 때문에 문 대통령의 경제정책, 곧 J노믹스는 케인스주의에 바탕을 두고 있다고 할 수 있다. 그간 우리나라 대통령 중 케인스주의에 바탕을 둔 경제정책을 펴겠다고 공개적으로 얘기한 대통령은 없

한국 역대 정부 평균 성장률과 세계 성장률 비교

	노태우 정부 (1988~1992)	김영삼 정부 (1993~1997)	김대중 정부 (1998~2002)	노무현 정부 (2003~2007)	이명박 정부 (2008~2012)	박근혜 정부 (2013~2016)
한국	9.1%	7.8%	5.3%	4.5%	3.2%	3.0%
세계	3.4%	3.3%	3.3%	5.1%	3.2%	3.4%

자료: 한국은행, IMF

었다. 비록 문 대통령도 공개적으로 케인스주의를 따른다고 말한 적은 없지만, 경제 공약과 정책의 내용만 본다면 '케인스주의 대통령'이다. 즉, 문 대통령은 우리나라에 처음 출현한 '케인스주의 대통령'이라고 하겠다.

위기 때마다 부활하는
케인스주의

J노믹스의 바탕이 된 케인스주의란 무엇인가? 20세기 초 경제학자였던 케인스는 당시 주류였던 고전학파 경제학에 반기를 들었다. 장하준 케임브리지대 교수는 고전학파의 경제학 이론을 한 문장으로 '시장은 경쟁을 통해 모든 생산자를 감시하기 때문에 그냥 내버려두면 된다'라고 정리했다.[2] '경제학의 아버지'로 불리는 애덤 스미스의 '보이지 않는 손invisible hand' 개념에 따라 시장에서 가격이 조정되기 때문에 초과수요나 초과공급 같은 충격은 일시적으로만 나타난다는

것이다. 그래서 불황은 있을 수 없다는 생각이다. 시장에서 자동 조정이 일어나기 때문에 정부가 시장에 개입하면 오히려 혼란만 부추기게 된다고 본다. 이런 이유로 정부 개입을 금기시한다. 하지만 케인스의 생각은 달랐다. 케인스의 전기작가이자 케인스 전문가인 로버트 스키델스키 영국 워릭대 교수는 다음과 같이 케인스의 문제의식을 정리했다.

"경제학에서 그(케인스)가 가장 일관되게 연구한 주제들은 이랬다. 첫째, 어디나 만연해 있는 불확실성이다. 그렇기 때문에 경제들은 과열될 때를 제외하면, 잠재력에 훨씬 못 미치는 실적을 낸다. 둘째, 경제는 '유체fluids'가 아니라 '점성의 덩어리들sticky masses'이라는 개념이다. 그렇기 때문에 '충격'으로부터의 회복은 더디고, 지난하며, 값비싼 비용을 요구하면서도, 불완전하다. 셋째, 정부의 의무에 대한 강조다. 즉 정부는 실제적·잠재적 자원이 합리적 선에서 충분하고 효율적으로 활용되도록 만듦으로써, 경제적 삶을 가능성의 최대치 혹은 그에 접근하는 수준으로 유지시킬 의무가 있다."[3]

케인스는 시장을 통해 가격이 정해지고 그에 따라 수요와 공급이 조정된다는 시장 경제의 작동 원리를 인정했지만, 동시에 그 원리가 제대로 작동하지 않을 가능성에 주목했다. 고전학파 경제학에선 저축도 수요와 공급의 조정작용 속에서 곧바로 투자로 연결된다고 생각했다. 예컨대 저축 과잉(투자 부족) 상태라고 하자. 그렇다면 저축에 대한 수요가 줄고 이자율은 떨어진다. 이에 따라 투자하기에 더 매력적인 조건이 형성되고, 결국 투자가 늘어나게 되어 저축과 투자가 같은 수준이 된다는 것이다. 하지만 케인스는 불확실성이 있기 때문에 저축이 바로 투자로 연결되지는 않는다고 봤다. 저축하는 사람과 투자하는 사람이 다를 때는 더욱더 그렇다. 투자를 결정하는 기업가들은 '야성적 충동animal spirit'에 따라 투자 여부를 정한다. 기업가들이 미래를 어둡게 본다면 아무리 저축이 남아돌아도 투자는 일어나지 않는다. 즉, 투자가 사회에서 필요한 수준보다 낮은 상태에 머무를 수 있다는 것이다.

시장의 자동 조정 기제도 순식간에 나타나지 않을 것으로 봤다. 경제가 '점성의 덩어리들'이라는 것은, 끈적끈적한 모양새이기 때문이라는 것이다. 예컨대 우리나라의 경우 통상임금 조정은 1년에 한 번씩 노사의 임금협상을 통해서 일어난다. 미국은 노사의 임금협상 주기가 4년이나 된다고 한다. 수시로 변하는 경제 상황을 반영해서 임금이 조정되는 게 아니라는 것이다. 또 임금이나 물가가 오르락내리락하기도 어렵다. 현실 경제에선 임금이나 가격이 오르는 방향으로 움직일 가능성이 크며, 조정폭도 미세하지 않다. 예컨대 음식점의 가격은 1원 단위로 오르는 것이 아니라 대체로 1,000원이나 500원 단위로 인상된다. 즉, 경제가 내외부의 충격에 대해 가격을 조정하는 속도가 상당히 느릴 수 있다는 것이다.

그래서 케인스는 '유효수요'란 개념을 꺼냈다. 현대적으로 해석하면 잠재GDP 수준에 미치지 못하는 수준의 총수요라고 보면 된다.[4]

경제가 잠재GDP 수준에 못 미치는 상태라면 수요의 증가가 생산으로 직결되므로, 말 그대로 '유효한 수요'라는 것이다. 시장에서 순식간에 조정이 일어난다면 경제는 모든 능력을 발휘해 잠재GDP 수준으로 생산할 것이다. 하지만 경제는 임금과 가격의 조정이 재빨리 일어나지 않는 끈적끈적한 모양새이기 때문에 잠재GDP에 못 미치는, 즉 유효수요가 부족한 상태가 나타난다는 것이다.

잠재GDP는 한 나라 경제의 생산능력을 모두 사용했을 때 과열 상태로 벗어나지 않으면서 달성할 수 있는 총수요 수준이라고 보면 된다. '한 아이의 잠재능력을 봤을 때 성적이 이것밖에 나올 리 없다'라고 얘기한다면, 여기서 아이의 잠재능력은 한 나라 경제의 잠재GDP에 해당하고 성적은 유효수요에 해당한다고 비유할 수 있다. 경기가 침체에 빠져 유효수요가 잠재GDP에 못 미치는 상태라면, 그 갭을 채워주면 경기가 살아날 것이다. 불황기라는 건 민간이 수요를 만들어내지 못할 때이므로, 정부가 지출을 확대하거나 세금을 깎아줘 수요를 만들어주면 될 것이다. 케인스가 재정지출을 확대해 불황에서 벗어나게 하자는 주장을 하게 된 이유다.

케인스는 경제를 한 나라라는 큰 틀에서 바라봤다. 그렇게 보다 보니 '개인에게 이로운 것이 전체 경제에는 이롭지 않을 수도 있다'는 결론을 내리게 됐다.[5] 대표적인 것이 '저축의 역설'이다. 개개인으로 봤을 때는 불황이 오면 소비를 줄이고 저축을 늘리는 게 최선의 대응책이 될 수 있다. 하지만 경제 전체적으로는 유효수요가 줄고 투자가 침체돼서 불황은 더 극심해지며 결국 개인의 삶이 더욱 힘들어지는 역설이 발생한다. 개인 수준에서 경제 행위를 분석하는 게 아니라 국가 전체 수준에서 경제의 흐름을 분석하는 '거시 경제학'이란 새로운 경제 분야가 케인스 이후 탄생하게 됐다.

케인스주의는 1930년대 대공황의 진원지였던 미국에서 불황에 대처하는 이론으로 주목받았다. 1936년 영국에서 케인스의 『일반이론』이 출간됐을 때 하버드대 학생들은 책을 빨리 받아보기 위해 특별 탁송화물을 예약했다고 한다. 단 몇 년 사이 케인스의 이론은 미국 경제학계를 휘어잡았다. 예컨대 1934년 미국의 고급 경제학술지에서 케인스를 논제로 삼은 논문은 20편에 불과했지만, 1936년부터 1940년까지 5년 동안 케인스를 거론한 논문 수는 269편에 달할 정도로 급증했다.[6] 그리고 1940년대 이후 미국 경제학계를 접수하면서 주류 경제학 수준으로 등극하게 됐다. '현대 경제학의 아버지'로 불리는 미국 경제학자 폴 새뮤얼슨도 케인스주의자였다. 새뮤얼슨이 쓴 『경제학Economics』이 미국에서 '경제학의 바이블'로 여겨지면서 케인스주의의 영향력은 드높아졌다. 이 책은 40여 개 언어로 번역돼 400만 부가 팔렸고, 케인스주의가 전 세계 경제학계의 정설로 자리잡는 데 기여했다.

이후 미국에선 1950~1970년대 정부 경제정책에 있어서도 케인스주의가 풍미하게 된다. 케인스주의에 충실했던 존 F. 케네디 대통령이 대표적이다. 케네디의 전기작가 아서 슐레진저는 케네디를 '의심할

바 없이 최초의 케인스주의 대통령'이라고 묘사하기도 했다.[7] 1965년 12월 『타임』은 올해의 인물로 존 메이너드 케인스를 선정했다. 케인스주의의 반대 입장이던 통화주의자 밀턴 프리드먼 시카고대 교수가 "우리 모두 케인스주의자가 됐다We are all Keynesian now"고 해서 화제가 됐다. 당시 『타임』은 "케인스가 세상을 떠난 지 약 20년이 지난 오늘날, 그의 이론은 세계의 자유 경제학에 중요한 영향을 미치고 있다. 워싱턴에서 미국의 경제정책을 수립하는 사람들은 케인스의 원리를 활용함으로써 전쟁 이전 시기의 격렬한 경기 순환을 피할 수 있었을 뿐만 아니라 혁혁한 경제 성성과 놀라운 물가 안정을 달성했다"고 평가했다.[8]

하지만 '영원한 것은 없다'는 말이 있듯이 케인스주의도 현실의 벽에 부딪혔다. 1970년대 후반, 물가와 실업이 동반상승하는 스태그플레이션 현상이 벌어지면서 케인스주의는 한계를 드러냈다. 실업을 줄이고 수요를 창출하기 위해 케인스주의의 조언대로 정부지출을 확대했는데도 불구하고 실업이 늘어났다. 더구나 정부지출을 확대한 부작용으로 물가가 오르는 인플레이션이 극심해졌다. 경기 침체와 인플레이션이 동시에 나타나는 스태그플레이션이 발생한 것이다.

이후 케인스주의에 대한 반성으로, 세계적으로 재정의 허리띠를 졸라매고 규제 완화와 구조 개혁을 추진하자는 '대처주의'(영국), '레이거노믹스'(미국)가 경제정책의 주류로 등장했다. 학계에서도 '시장이 오작동할 때를 제외하고는 시장을 가만히 놔두는 게 좋다'는 새고전학파New Classical가 주류를 형성했다. 개인의 합리적인 판단에 따라 시장이 움직인다는 '합리적 기대 가설', 시장은 활용할 수 있는 모든 정보를 반영해 효율적으로 움직인다는 '효율적 시장 가설' 등 현실과는 다소 동떨어진 극단적인 가정들이 새고전학파를 뒷받침했다. 하지만 케인스주의의 후계자들도 '합리적인 인간을 가정해서 경제를 설명해야 한다'는 주장을 거부하지는 못했고, 합리적 기대 가설을 바탕에 두고 케인스주의 이론을 재구축했다. 대신 새고전학파의 가설처럼 경제가 매끈하게 움직이지는 않으며, 끈적끈적하게 움직인다는 케인스의 생각을 이어받아 '새케인스주의자New Keynesian'로 변신했다.* 그 과정에서 케인스주의 전통에서 약간 벗어나게 됐는데, 새케인스주의자들은 과거 케인스주의자들과 달리 재정정책에 대한 관심은 줄어들었고 통화정책이면 경기를 조절하는 데 충분하다는 생각을 갖게 됐다.

각국의 경제정책에 더이상 큰 영향을 미칠 수 없었던 케인스주의는 2008년 글로벌 금융위기를 계기로 다시 주목받게 된다. 1930년대 대공황 이후 가장 큰 세계적인 위기가 닥치자 먼지가 쌓여 있던 케인스주의 교과서들을 다시 펼쳐들게 된 것이다. 세계 각국은 과거에 상상할 수 없었던 규모의 재정정책과 통화정책을 꺼내들어 위기에 대응했다. 예컨대 미국은 오바마 행정부가 8,000억 달러에 달하는 재

---

* 새고전학파는 시카고대, 미네소타대 등 미 내륙의 호수 근처 도시들에 있는 대학을 중심으로 번성했다고 해서 '민물학파fresh water economists'라고도 부르며, 새케인스주의자는 하버드대, MIT, 버클리대 등 해안가 도시들에 있는 대학을 중심으로 발전했다고 해서 '짠물학파salt water economists'라고도 부른다

한국의 잠재성장률 추이

연도	2001~2005	2006~2010	2010~2015	2016~2020
잠재성장률	5.0%	3.7%	3.4%	2.8%

자료: 한국은행

※ 잠재성장률은 추가적인 물가 상승을 일으키지 않으면서 달성할 수 있는 최대성장률로 한 경제의 장기적인 기본 체력을 의미한다.

미국의 1970~1980년대 스태그플레이션

연도	1971	1972	1973	1974	1975	1976	1977	1978	1979	1980	1981	1982	1983	1984	1985
물가	4.3	3.3	6.2	11.0	9.1	5.7	6.5	7.6	11.3	13.5	10.3	6.2	3.2	4.3	3.6
실업률	4.9	4.5	3.9	4.5	7.3	6.5	5.9	5.0	4.8	6.2	6.5	8.6	8.6	6.7	6.4

단위: 퍼센트, 자료: 미국 세인트루이스 연방준비은행

정 패키지를 꺼내들었고, 미국 중앙은행인 연방준비제도는 제로금리까지 금리를 낮추고도 모자라 양적 완화 조치를 통해 4조 달러에 달하는 돈을 시장에 풀었다. 유럽도 미국의 길을 따라갔다. 중국은 4조 위안에 달하는 돈을 풀어 인프라 투자에 나섰다. 일본도 재정·통화 정책의 양날개를 단 아베노믹스 정책을 들고나왔다. 2008년 글로벌 금융위기 이후 세계적으로 케인스주의가 재조명되고 있는 가운데 문재인 대통령이 케인스주의에 바탕을 둔 J노믹스를 들고나온 것은 의미 있는 일이라고 할 것이다.

J노믹스의
'네 바퀴 성장론'

케인스는 앞서도 잠시 언급했듯이 "장기적으로 우리는 모두 죽는
다"며 장기적인 성장에 대해 큰 관심을 두지 않았다. 케인스는 당장
눈앞에 닥친 1930년대의 세계적인 불황에서 벗어나는 것을 우선 과
제로 삼았다. 그러나 J노믹스는 케인스주의에 바탕을 두고 있으면서
도 동시에 성장론을 들고나왔다. 케인스의 학문적 후계자들인 포스
트 케인스주의자들의 '임금 주도 성장'을 받아들였고, '기술 혁신이 성
장의 동력'이라는 슘페터학파의 주장도 받아들였다. 슘페터학파는 케
인스와 거의 동시대를 살았던 경제학자 조지프 슘페터(1883~1950년)
의 주장을 확대 발전시킨 일군의 학자들이다. 이들은 새로운 생산기
술·제품·시장을 창조하는 기업가의 혁신innovation을 통해 자본주의
가 발달한다고 본다.[9]

문재인 정부 출범 이후 경제정책은 2017년 7월 25일 발표한 '새 정
부의 경제정책 방향'에 잘 요약돼 있다. 김동연 경제부총리가 발표자
로 나선 '새 정부의 경제정책 방향'에는 네 가지 정책 방향이 제시돼
있다. ①일자리 중심 경제 ②소득 주도 성장 ③혁신 성장 ④공정 경제
가 그것이다.

이 네 가지 정책 방향은 정부의 공식발표를 전후해 청와대나 더
불어민주당 관계자들이 J노믹스의 핵심 내용이라고 설명했다. 대표적

인 사례가 김현철 청와대 경제보좌관이 2017년 9월 『월간중앙』과의 인터뷰에서 밝힌 것이다.* 김 보좌관은 2015년 7월 한국과 일본의 저성장 국면을 분석한 책 『어떻게 돌파할 것인가』를 발간하면서 문재인 대통령과 인연을 맺은 것으로 알려져 있다. 그는 인터뷰에서 "책을 펴내고 얼마 지나지 않아 문재인 의원이 만나자는 연락을 해왔다"고 했다. 김 보좌관은 이후 문 대통령의 경제 교사 중 한 명의 역할을 하게 된다. J노믹스란 이름도 그가 지었다. 대선기간 중에는 문 대통령이 수시로 전화를 걸어 "이럴 때 일본은 어떻게 했습니까"라며 자문을 구했다고 한다.

김 보좌관은 J노믹스의 성장론을 '네 바퀴 성장 전략' '4륜구동 성장 전략'이라고 설명했다. 일자리 중심 성장, 소득 주도 성장, 동반 성장(정부 발표에는 '공정 경제'로 표현돼 있다), 혁신 성장이 맞물려 돌아간다는 것이다. 그의 설명을 들어보자.

"양극화를 해소하자면 소득이 늘어야 하므로 최저임금을 올려줘야 한다. 그래야 소비 여력이 생겨 내수 확장으로 이어진다. 더 중요한 건 가처분소득을 늘리는 일이다. 아무리 명목소득을 올려본들 생활비와 제반비용 지출이 많아지면 소비 여력은 줄어들기 마련이다."

임금 주도 성장론자들이 전형적으로 임금을 늘려 소비를 진흥하자고 주장하는 것과 일맥상통하는 의견이다.

---

* 이하 내용은 『월간중앙』 2017년 9월호 박성현·문상덕 기자의 김현철 경제보좌관 인터뷰 기사를 참조했다.

"소득의 대부분은 근로소득에서 발생하는 게 한국의 현실이다. 결국 일자리를 늘리고, 일자리의 질을 높여야 하는 것이다. 이를 두고 포퓰리즘 정책이라고 공격한다. 네 가지 성장 중에서 우리가 가장 중요하게 생각하는 혁신 성장을 간과한 데서 오는 비판에 불과하다."

소득 주도 성장이 소비를 늘리는 것까지는 가능하지만, 투자로 이어지지 않을 것이란 비판을 의식한 설명이다. 대기업 중심 경제에서 혁신 기업 중심으로 경제의 성장동력을 옮긴다면 장기적인 성장이 가능할 것이란 얘기다. 기술 혁신을 성장동력으로 삼는다는 슘페터 학파의 주장과 이어진다.

과거 진보 성향의 정당들은 성장을 강조하지 않았다. 2012년 대선에서 문재인 후보가 앞세웠던 '경제 민주화'는 결국 재벌 중심의 경제구조를 중소기업 중심의 경제구조로 바꾸는 '구조 개혁'을 하자는 얘기다. 하지만 2017년 대선에서 문 대통령은 '성장 담론'을 앞세웠다. 다만 재벌·대기업 중심 경제에 대한 개혁을 하자는 개념을 완전히 버리지는 않았다. 혁신 성장은 수출·대기업 중심 경제를 뜯어고치자는 생각이 바탕에 깔려 있기 때문이다.

김 보좌관은 J노믹스의 작명 과정을 설명하면서 'J커브 현상'과 관계있다고 추가로 설명했다. "혁신 정책을 쓰면 초기에는 성과가 떨어진다. 그런데 그 혁신을 일관되게 밀고 나가면 변곡점을 거치며 높은 성과를 내는 현상이다. 시간 경과와 함께 실적이 반등하는 모습이 마치 알파벳 'J'와 닮았다고 해서 붙여진 이름이다." 김 보좌관은 구조 개혁이나 구조조정 정책을 펴면 단기적으로 성장 성과가 나오길 기대하기 어렵다고 설명하고 있다. 맞는 말이다. 혁신 성장 정책이란 것이 쉽게 성과를 보기 어렵다. 1997년 외환위기 이후 우리나라 정부는 대통령의 입맛에 따라 '벤처기업 육성' '혁신·중소기업 육성' '녹색 성장' '창조 경제' 등 이름만 바꾼 수많은 신성장 정책을 내놨다. 하지만 여전히 '수출·대기업 주도 성장' 경제구조에서 벗어나지 못하면서 내수는 '저성장' 국면에 빠져 있다. 문재인 정부가 과거 정부가 답습했던 한계를 벗어날 수 있을지는 여전히 의문부호다.

문재인 정부가 '네 바퀴 성장론'을 제시하고 있지만, 결국 정리해 보면 소득 주도 성장과 혁신 성장이라는 두 가지 성장 패러다임의 결합으로 해석할 수 있다. 당장 성과가 나오기 어려운 혁신 성장을 떼어놓고 보면, 소득 주도 성장을 경기 회복을 이끌 성장동력으로 단기에 만들 수 있느냐가 문재인 정부 경제정책 성패의 관건이 될 것으로 보인다. 소득 주도 성장론자들은 소득 주도 성장이 투자까지 일으켜 장기 성장으로 이어질 것이라고 얘기하지만, 아직 정확하게 검증되지 않은 이론이다. 미국, 일본, 중국 등에서 이미 소득 주도 성장의 개념을 넣은 경제정책들을 펼쳤지만 눈에 띄는 결과물을 만들어내지 못하고 있다. J노믹스가 성장을 이끌어내려면 해외의 성공 사례와 실패 사례를 좀더 꼼꼼하게 분석할 필요가 있다.

성장 담론으로의 전환, '경제 대통령 만들기' 프로젝트?

언제부터 소득 주도 성장이 문재인 대통령의 귀를 사로잡았을까? 2012년 대선을 앞두고 당시 문재인 민주통합당 대통령 후보가 낸 공약설명서 격의 책『사람이 먼저다』에는 '소득 주도 성장'이나 '임금 주도 성장'에 대한 언급이 없다.* 문 대통령은 2012년 대선 실패 이유를 분석하고 재기를 모색하기 위해 2013년 12월 발간한 저서 『1219 끝이 시작이다』에서 처음 '소득 주도 성장'을 언급했다.

"국제노동기구^{ILO}가 제시하는 '소득 주도 성장wage—led growth'이 대안의 하나일 수 있습니다. 일자리를 확충하고 고용의 질을 개선해서 중산층과 서민들의 소비능력을 높이는 것을 주된 성장동력으로 삼는 것입니다."[10]

문 대통령의 글에선 당시까지만 해도 ILO가 제시한 '임금 주도 성장wage—led growth'과 자영업자가 많은 한국의 특수성을 감안해 근로자와 자영업자의 소득을 모두 늘리자는 '소득 주도 성장income—led

---

* 소득 주도 성장론의 뿌리가 되는 임금 주도 성장론을 국내에서 가장 먼저 소개한 것은 국책 연구원이었다. 국책 연구원 중 하나인 노동연구원이 2012년 10월 '새로운 사회경제 패러다임, 새로운 사회정책'이란 주제로 연 국제 세미나에서 소득 주도 성장의 뿌리가 되는 임금 주도 성장의 개념이 우리나라에 처음 소개됐다. 당시 세미나에선 임금 주도 성장의 대가인 마크 라부아Marc Lavoie 캐나다 오타와대 교수와 엥겔베르트 스토크함머Engelbert Stockhammer 영국 킹스턴대 교수가 「임금 주도 성장론: 개념, 이론 및 정책」이란 논문을 발표했다.

growth' 개념을 구분하지 않았다. 그럼에도 문 대통령이 2013년 말부터 소득 주도 성장이란 단어를 언급하기 시작했다는 데 주목할 필요가 있다. 왜일까. 문 대통령은 이 책에서 2012년 대선 실패의 이유를 다음과 같이 '성장론' 부재에서 찾았다.

"저는 대선 출마선언문에서 포용적 성장, 창조적 성장, 생태적 성장, 협력적 성장이란 4대 성장 전략을 제시했습니다. 그러자 어느 진보적 매체는 '또 성장 타령이냐?'고 힐난하는 칼럼을 싣기도 했습니다. 성장을 바라보는 진보 진영의 근본주의 같은 것을 보여주는 것이었다고 생각합니다. 성장과 안보에 관한 담론 부족은 확실히 우리의 큰 약점이었습니다. 국민들은 그 점을 꿰뚫어보는 것입니다. 경제 성장 전략 없이 국가를 책임질 수 없습니다. 보수 진영보다 더 뛰어난 경제 성장 전략을 가지고 있어야 국가 경영을 맡을 수 있습니다."[11]

이 책에서 문 대통령은 2012년 대선에서 박근혜 전 대통령이 진보 진영의 어젠다를 끌어안으면서 원래 보수 성향의 어젠다를 얹어나간 데 대해 제대로 대응하지 못했다고 봤다. 박 전 대통령은 진보 진영의 어젠다인 '경제 민주화'와 '복지'를 오히려 자신의 어젠다로 포용했다. 거기에 더해서 고용률 높이기와 창조 경제 등 보수 성향의 성장 어젠다도 들고나왔다. 문 대통령은 2012년 대선 실패에 대한 반성으로 진보 진영이 오히려 '성장 담론'을 적극적으로 들고 나가야 한다고 봤다. 분배를 중시하는 진보 진영과 성장론이란 건 어떻게 보면 이질적인 결합이다. 그러나 그 접점을 '소득 주도 성장'에서 찾았다. 저소득층의 소득을 늘리면 빈부격차 해소라는 진보 진영의 메시지도 담을 수 있고, 그 결과 성장이 발현된다면 보수 성향 유권자들도 끌고 올 수 있다는 계산이 맞아떨어진 것이다.

『1219 끝이 시작이다』란 책이 나오기 전에 이미 민주당* 내에선 소득 주도 성장에 대한 논의가 진행되고 있었다. 2013년 5월 민주당은 '사람다운 생활을 위한 노동·임금 태스크포스TF'를 구성하면서 소득 주도 성장을 통한 새로운 경제 성장 모델의 도입, 소규모 영세사업장 및 자영업자 등의 생활 보장과 권익 보호를 내세웠다. 이어 이 TF는 8월 이상헌 ILO 근로기준국 연구조정관**을 초청해 '소득 주도 성장의 가능성과 함의'를 주제로 발표회를 열었다. 당시 민주당 주변에서는 2012년 대선 때 문재인 대선캠프 일각에서 박근혜 전 대통령의 창조 경제론의 대항마로 소득 주도 성장론을 꺼냈지만, 캠프에서 교통정리가 되지 않아 외부엔 공표하지 않았다는 얘기가 뒤늦게 흘러나왔다.

이와 관련해 정태인 칼폴라니 사회경제연구소장이 당시 상황을 어렴풋이 짐작할 수 있는 칼럼을 쓴 적이 있다. 정 소장은 '노무현 전 대통령의 경제 교사'로 알려져 있으며, 노무현 정부 시절 청와대 국민경제비서관을 지낸 대표적인 진보 성향의 경제학자이자 경제평론가

* 민주통합당은 2013년 5월 4일 전국대의원대회에서 만장일치로 민주당으로 개명을 의결했다.
** 이상헌 당시 연구조정관은 사무부총장 정책특보를 거쳐 2018년 3월부터 ILO 고용정책국장으로 승진했다. ILO의 정책 담당 국장 9명 중 아시아계는 이 국장이 유일하다.[12]

다. 정 소장은 2015년 4월 『시사IN』에 쓴 칼럼에서 "2012년 내가 원장이던 '새로운사회를여는연구원'이 공동저서 『리셋 코리아』*에서 '소득 주도 성장'을 내세웠을 때 당시 제1야당 대통령 후보의 캠프에서는 별 관심을 보이지 않았다"고 했다. 이어 "그런데 3년이 흘러 새정치민주연합의 문재인 대표 등이 '소득 주도 성장'을 입에 올리더니, 유승민 새누리당 원내대표가 최근의 교섭단체 대표연설에서 이에 대해 '진심으로 환영하는 마음'으로 '재검토가 필요하다'라는 논평을 하고, 안철수 새정치민주연합 전 공동대표도 최근 당에서 주최한 '정책 엑스포'에서 '공정 성장론'을 대안으로 내세우는 등 봄꽃이 만발하는 백화제방 가운데 자리잡았다"고 했다.

실제 문재인 대통령은 2013년 저서 『1219 끝이 시작이다』에서 '소득 주도 성장'을 한 차례 언급한 이후 2014년부터 자신의 주요한 어젠다로 꺼내들기 시작했다. 같은 해 7월 국회에서 문재인 새정치민주연합 의원실 등은 '소득 주도 성장의 의미와 과제 토론회'를 개최했고, 11월에는 '소득 주도 성장 2차 토론회'를 개최했다. 1차 토론회에서 문재인 당시 새정치민주연합 의원은 "그동안 진보 진영 담론에서 가장 부족했던 것이 성장론"이라며 "수권 세력으로서 국민의 신뢰를 받으려면 성장에서도 유능한 진보가 돼야 한다. 소득 주도 성장의 구체적인 방안을 우리가 빨리 정리해서 국민들에게 제시해야 할 필요가 있

---

* 『리셋 코리아』에는 새로운사회를여는연구원의 여경훈 경제 분야 연구원이 "'소득 주도 성장 전략'이라는 새로운 패러다임"이라는 글을 게재했다.

다"며 『1219 끝이 시작이다』에서 제시한 '진보 성장론의 부재'라는 문제의식을 강조했다. 이 토론회에서는 이상헌 ILO 연구조정관 외에 문재인 정부의 첫 경제수석이 된 홍장표 부경대 교수가 발제를 맡았다. 이후 2차 토론회에서 문재인 의원은 박근혜 정부의 경제정책을 '부채 주도 성장 정책'으로 규정하고 소득 주도 성장의 구체적인 방안을 설명했다. 최저임금을 노동자 평균 임금의 50퍼센트 수준으로 올리고, 생활임금을 전면 도입하며, 생활비를 줄여주는 방안을 마련해 생활 소득을 높여준다는 것이다. 문 대통령은 '문재인의 두툼한 지갑론'이라는 별명까지 붙었다. 새정치민주연합은 같은 해 7월 '가계소득 중심 경제 성장'을 제안하며 당론 차원에서 당시 문재인 의원의 주장에 힘을 실어줬다.

새정치민주연합 주도로 소득 주도 성장론에 대한 정치권의 관심이 쏟아지자 보수 세력도 논평을 내놨다. 대표적인 게 유승민 전 새누리당 원내대표의 2015년 4월 8일 국회 교섭단체 대표연설이다. 유 전 원내대표는 다음과 같이 말했다.

"새정치민주연합이 '소득 주도형 성장, 포용적 성장'을 말했을 때, 저는 이 새로운 변화를 진심으로 환영하는 마음이었습니다. 그 주장의 옳고 그름을 떠나 야당이 성장의 가치를 말한다는 것 자체가 반가웠습니다. 보수가 복지를 말하기 시작하고, 진보가 성장을 말하기 시작한 것은 분명 우리 정치의 진일보라고 높이 평가합니다."

이에 문재인 새정치민주연합 대표*는 다음날 국회 교섭단체 연설에서 '소득 주도 성장'의 필요성을 역설했다. 연설에서 문 대표는 소득 주도 성장을 다섯 번 언급했다. 구체적인 방법론으로는 최저임금 인상, 비정규직 차별 해소, 영세 자영업자 대책 마련, 주거·의료·통신 등 필수 생활비 부담 줄이기, 법인세 정상화 등을 주장했다. 결국 2012년 대선 실패에 대한 반성으로, '성장론을 말하는 진보'라는 새로운 프레임으로 다음 대선에 임하겠다는 선언을 한 것에 다름 아니었다.

이후 소득 주도 성장은 문재인 대통령의 대선 공약에 포함됐다. 2017년 5월 9일 당선된 문재인 대통령은 소득 주도 성장을 핵심 경제정책인 '네 바퀴 성장론' 중 하나로 포함해 강조했다. 예컨대 문재인 정부의 인수위원회 역할을 하는 국정기획자문위원회가 5월 22일 출범할 때 김진표 위원장은 "무엇보다도 앞으로 경제·사회정책 전반에 걸친 국정 운영 패러다임으로 소득 주도 성장을 대통령이 주장해 왔다"며 "이것으로 국정 운영 패러다임을 바꾸기 위해 가장 중요한 전략 변수는 좋은 일자리를 많이 만드는 것"이라고 했다. 7월 25일 문재인 정부가 발표한 새 정부의 경제정책 방향에도 소득 주도 성장이 비중 있게 다뤄졌다.

---

* 문재인 당시 새정치민주연합 의원은 2015년 2월 8일 당 대표에 선출됐다.

초이노믹스의
소득 주도 성장

그런데 소득 주도 성장이 진보 세력만의 성장론이었을까. 박근혜 정부의 경제 책사였던 최경환 전 경제부총리도 한국 경제가 저성장에서 벗어날 전략으로, 소득 주도 성장론에 입각한 경제정책을 주력으로 채택했다. 최 부총리가 2014년 7월 24일 내놓은 '새 경제팀의 경제정책 방향'은 과감하게 '경제정책 기조의 대전환'을 주창했다. 정책 기조의 대전환에는 다음과 같은 내용이 들어 있었다.

첫째, 거시 정책을 확실한 효과가 나타날 때까지 확장적으로 운용한다. 둘째, 주택시장 등 내수를 제약하는 핵심 문제를 해결한다. 셋째, 일자리 창출과 함께 직접적인 가계소득 증대를 위한 정책을 마련한다. 넷째, 비정규직 문제에 대해 적극적으로 대응한다. 다섯째, 창조 경제, 경제 혁신 등 구체적인 프로젝트를 선도적으로 추진해 민간 부문으로의 확산을 유도한다.

두번째 과제인 주택시장 규제 완화를 빼고 나머지 과제들은 문구만 보면 문재인 대통령의 J노믹스와 크게 달라 보이지 않는다. 특히 세번째의 가계소득 증대 방안은 '소득 주도 성장론'에 바탕을 둔 것이다. 이런 정책을 꺼내든 이유로 당시 박근혜 정부는 "임금 상승 둔화로 가계소득 부진이 내수 부진으로 이어지는 악순환이 지속되고, 중소기업의 어려움이 가중되는 등 체감 경기는 여전히 부진하다"고 했다. 전형적인 소득 주도 성장론의 논리다.

이에 앞서 최경환 경제부총리는 7월 8일 인사청문회에서 우리나라의 내수가 부진한 이유에 대해 "중산층 소득이 뒷받침 안 되기 때문"이라며 "임금이 받쳐줘야 한다"고 했다. 또 "최저임금 인상 등 가계소득 직접 확대 방안을 검토하고 있다"고 서면 답변하기도 했다.

이에 대해 당시 문재인 새정치민주연합 의원은 "최경환 경제부총리도 인사청문회에서 내수 활성화를 위한 가계 가처분소득 증대에 방점을 찍겠다고 밝혔는데 방향은 바람직하다"고 했다. 다만 "최저임금 인상과 생활임금 도입부터 해야만 가계의 가처분소득을 높이는 데 방점을 두겠다는 진정성을 확인할 수 있다"고 선을 그었다.

그러나 최경환 경제부총리는 실제로 최저임금 인상을 유도했다. 최 부총리 재임 시절 결정된 2016년 최저임금은 전년보다 8.1퍼센트 올랐다. 인상률로 따지면 2008년 8.3퍼센트 상승 이후 가장 높은 수치였다. 더욱이 최 부총리는 가계소득을 늘리기 위해 세제를 동원했다. '가계소득 증대세제' 3대 패키지가 그것이다. 세금은 세법과 제도를 바꿔야 하기 때문에 정책 담당자들이 쉽게 꺼내기 어려운 방법이다.* 당시 기획재정부 내에서 경제정책을 고안하는 경제정책국과 세제를 담당하는 세제실 사이에 갈등이 있었다고 한다. 그럼에도 불구

---

* 박근혜 정부는 2014년 8월 6일 관련 세제 개편안을 발표했다. 관련 법안은 12월 국회를 통과했다. 기획재정부는 후속작업으로 2015년 1월 30일 세법 시행령 개정안을 공표했고, 2월 16일 세법 시행규칙 개정안을 발표했다.[13] 2015년 소득부터 개정 법안이 적용됐기 때문에 실제 대부분 세제 혜택이나 세금 납부를 체감하는 것은 2016년이 돼서야 가능했다.

하고 최 부총리는 세제를 바꾸는 '가지 않은 길'을 가는 방법을 추진했다.

가계소득 증대세제 3대 패키지는 임금을 올려주는 기업에 대해 세금을 깎아주는 '근로소득 증대세제', 소액 주주 등에 배당이 늘어나면 세율을 낮춰주는 '배당소득 증대세제', 그리고 기업 이익을 임금·배당·투자 등에 일정 수준 이상 쓰지 않으면 법인세를 10퍼센트 더 내게 하는 '기업소득 환류세제'로 구성됐다. 당시 국회 입법 과정에서 기업의 부담을 늘리게 된다는 주장이 나왔다. 재계 일부에선 친親기업 정부인지 알았는데 실망했다는 반응이 나오면서 상당한 논란이 일었다.

실제로 가계소득을 증가시키거나 가계소득 분배율이 늘어났는지 정책 효과를 두고도 논란이 일었다. 기업소득 환류세제의 경우 2015년 이 제도의 대상 법인 3,029개 중 1,007개 기업이 임금·배당·투자의 기준을 맞추지 못해서 추가로 법인세를 납부해야 했다. 추가 법인세 산출액은 5,755억 원이었는데, 이중 147개 기업이 469억 원을 납부하고 나머지는 추가 법인세 부담을 다음해로 넘겨버렸다. 또 임금·배당·투자로 환류된 금액은 총 139조 5,000억 원이었는데, 투자로 100조 8,000억 원, 배당으로 33조 8,000억 원, 임금 증가로 4조 8,000억 원이 움직였다. 이를 두고 한국경제연구원은 "가계소득과 직결되는 임금 증가를 통한 환류가 미진하여, 재정적인 목적은 달성했지만 '기업소득의 가계소득으로의 선순환'이라는 기업소득 환류세제

한국의 최저임금 인상률 추이

2008년	2009년	2010년	2011년	2012년	2013년	2014년	2015년	2016년	2017년	2018년
8.3%	6.1%	2.75%	5.1%	6.0%	6.1%	7.2%	7.1%	8.1%	7.3%	16.4%

자료: 최저임금위원회

의 목적 달성은 어려워 보인다"고 평가했다.[14]

게다가 가계소득 증대세제 3대 패키지는 당초 3년이라는 짧은 시간 동안만 한시적으로 적용하기로 했다. 때문에 단기간에 효과가 났는지 평가하기도 어려웠다. 중간에 손질도 했다. 2016년 세법 개정에선 기업소득 환류세제의 투자, 임금 증가, 배당의 가중치를 당초 1:1:1에서 1:1.5:0.5로 조정해, 임금을 늘리면 추가 세금을 덜 내고 배당을 늘리면 기존보다 부담이 늘어나도록 했다. 또 2017년 문재인 정부 출범 이후 나온 세법 개정안에선 기업소득 환류세제를 예정대로 일몰하고, 대신 명칭과 내용을 수정해 투자·상생 협력 촉진세제를 신설한다고 했다. 투자·상생 협력 촉진세제는 기업의 투자, 임금 증가, 상생 지원 등이 당기 소득의 일정액에 미달하는 경우 추가로 20퍼센트를 과세하는 제도다.

초이노믹스의 소득 주도 성장 정책은 미완의 상태로 실험을 끝내야 했다. 소득 주도 성장이란 방향은 옳았지만 구체적인 설계가 잘못됐는지, 아니면 애초에 소득 주도 성장이란 목표가 달성 불가능한 것은 아닌지 많은 의문점을 남기는 대목이다. 최경환 전 경제부총리가 주도했던 부동산 규제 완화가 가계부채를 폭증시키면서, 가계소득을 늘리려는 소득 주도 성장과 어긋나는 방향으로 경제를 이끌었을 수도 있다.

과연 케인스주의는 자리잡을 수 있을 것인가

"케인스식 수요 확대에서 슘페터식 공급 혁신으로…… 새로운 성장의 길은 슘페터식 성장 정책에서 찾아야 한다."

변양균 전 기획예산처 장관이 문재인 정부 출범 이후인 2017년 6월 발간한 『경제철학의 전환』이란 책에서 핵심적으로 주장한 얘기다. 변 전 장관은 문재인 정부의 뿌리가 되는 노무현 정부 시절 청와대 정책실장을 지냈다. 변 전 장관은 이제까지 한국 정부의 경제정책은 수요를 확대하는 케인스식 단기 정책이었는데, 이는 이미 한계를 드러냈다며 슘페터식 공급 혁신을 통해 새로운 성장모델을 찾아야 한다고 주장했다. J노믹스의 핵심 성장론 중 하나인 '소득 주도 성장론'도 슘페터식 경제정책과 같이 가야 한다고 강조했다. 소득 주도 성장론이 '근로자 소득 증가→소비 증가→투자 증가→성장률 증가'의 연관성을 강조하는 건 타당하지만 슘페터식 성장론이 뒷받침되어야 장기적인 완성이 가능하다는 것이다.

변 전 장관은 문재인 정부에 김동연 경제부총리, 홍남기 국무조정실장 등 '변양균 인맥'으로 불리는 일군의 관료들을 천거한 것으로 알려져 있다. 그런데 J노믹스의 바탕이 되는 케인스주의에 의문을 제기한 것이다. 물론 케인스주의를 완전히 폐기하자는 주장은 아니고 슘페터식의 기술 혁신과 구조 개혁으로 성장동력을 보완하자는 주장이다. 그럼에도 뭔가 엇박자가 난다는 느낌을 지울 수 없다.

문재인 정부 내에서 J노믹스를 추동할 케인스주의자는 김상조 공정거래위원장과 포스트 케인스주의자로 분류되는 홍장표 정책기획위원회 소득주도성장특위 위원장(문재인 정부 초대 경제수석) 정도를 꼽을 수 있다. 심지어 문재인 정부 출범 이후 6개월이 넘어서도 청와대 내에서 J노믹스 논리를 개발할 포스트 케인스주의자를 찾고 있다는 얘기가 들릴 정도로 케인스주의 이론가들이 부족하다고 한다. 지금은 J노믹스의 위세가 강해서 재정 확대, 소득 주도 성장 등 케인스주의의 주장이 통하지만 언제까지 지속될 수 있을지 의문이 드는 대목이다. 물론 장기 성장에 대한 이론이 부족한 케인스주의에 슘페터식 혁신 성장을 결합하는 정책을 추진하는 것이 불가능한 일은 아니다. J노믹스의 설계자로 알려진 김현철 청와대 경제보좌관은 소득 주도 성장을 옹호하면서도 슘페터식 혁신 성장에 무게를 두고, 둘을 결합하는 정책이 필요하다고 주장하는 모양새다.

정부의 경제정책이 이랬다저랬다 하지 않고 지속적인 추동력을 가지려면 경제학자들의 뒷받침이 필요하다. 예컨대 박정희 전 대통령의 '개발 경제' 모델이 위력을 발휘한 데는 '서강학파'라는 경제학자 집단이 이론적 뒷배를 단단하게 받쳐주고 실무까지 책임졌기 때문이다. 남덕우 전 부총리, 이승윤 전 부총리, 김만제 전 부총리 등 '서강학파'는 박정희 대통령의 경제정책을 학문적으로 뒷받침해주고 실제 경제정책의 조타수 역할까지 했다. '서강학파'라는 별칭은 이들이 서강대 교수 출신들이어서 붙여진 것이다. 서강학파는 성장론자라고 불린다. 서구식 경제 근대화 모델을 바탕으로 대기업, 중화학공업 중심의 경제 개발을 이끌었다. 또 수출 주도형 경제, 선성장 후분배 등을 통해 압축적인 성장을 추구했다.

이후 김대중 전 대통령 시절 변형윤 전 서울대 교수의 후학 출신들이 중심이 된 '학현학파'가 민주화 바람을 타고 목소리를 냈다. 하지만 1997년 외환위기 이후 전 세계적으로 신자유주의 물결이 거센 와중이라 박정희 정부 시절 서강학파 정도의 파워는 발휘하지 못한 것으로 평가된다. 학현학파는 효율보다는 형평을, 고도성장보다는 안정과 분배를 앞세웠다.

반면 한국에서 케인스주의자들은 경제정책 수립에 거의 목소리를 내지 못했다. 대표적인 케인스주의자라고 하면 조순 전 부총리, 정운찬 전 총리 등이 있다. 정부에서 일하긴 했지만 케인스주의 경제 정책을 지속적으로 펼칠 정도의 영향력을 갖진 못했다. 그런 점에서 변양균 전 장관이 케인스주의식 수요 확대 정책에서 벗어나자면서, 과거에 케인스주의 정책이 주류였다고 주장하는 것은 과장된 얘기일 수 있다. 아마도 변 전 장관은 예산을 짜고 쓰는 재정 활동과 불황

때 재정을 확대하자는 케인스의 주장을 동일시한 것이 아닌가 싶다.

실제 대부분의 고위 경제 관료들은 케인스주의 정책에 우호적이지 않다. 예컨대 이명박 정부 시절 글로벌 금융위기 대응에 감세와 재정 확대 정책을 폈던 강만수 전 기획재정부 장관은 저서 『현장에서 본 경제위기 대응실록』에서 "케인스와 프리드먼의 수요와 소비와 유동성보다 하이에크와 슘페터의 공급과 투자와 생산성이 우리가 지속 가능한 성장과 사회를 이루고 일류 국가를 만드는 데 도움이 될 것이다"라며 케인스주의에 부정적인 입장을 밝혔다. 김영삼 정부 때 경제부총리를 지낸 강경식 전 부총리도 회고록 『국가가 해야 할 일, 하지 말아야 할 일』에서 "불경기로 어려움을 겪어도 정부가 경기 부양에 나서는 것에는 나는 반대했다"며 "자칫하면 경기 부양 정책이 경기 과열의 원인이 될 수 있다"라고 케인스주의식 경기 부양에 부정적인 입장을 보였다. 그는 "정부 재정으로 일자리를 만드는 일 또한 귀중한 예산 낭비가 될 경우가 대부분이다"라며 재정 확대에도 부정적이었다.

우리나라의 경제정책을 맡은 관료들 사이에선 오히려 건전 재정론이 우세했다. 이는 숫자로 증명된다. 우리나라의 GDP 대비 국가채무비율은 38.3퍼센트(2016년 결산 기준)*로 선진국들의 모임임 OECD

---

* 우리나라가 집계해 발표하는 국가채무비율과 OECD의 국가채무비율 기준에는 차이가 있다. 우리나라의 국가채무비율은 중앙정부와 지방정부의 채무를 합해 계산한 것이다. OECD는 정부채무에 더해 비영리 공공기관의 부채도 합해서 국가채무비율을 집계한다. 우리나라의 2016년 국가채무비율은 OECD 기준으로 하면 43.2퍼센트다. 그러나 국제 기준으로 보면 여전히 낮은 수준이다.

회원국 평균 116.3퍼센트에 훨씬 못 미친다. 그만큼 확대 재정을 멀리했고, 건전 재정을 유지하기 위해 온힘을 다했다는 것이다. 그간 '경기 침체를 막기 위해 재정을 확대하자'는 케인스주의 구호는 많이 나왔지만, 실제 그런 구호처럼 정부 예산이 만들어지거나 집행되지는 않았다는 방증이다. 기획재정부 예산실장 출신으로 이명박 정부 시절 청와대 정책실장을 지낸 김대기 전 실장은 저서 『덫에 걸린 한국경제』에서 한국이 건전한 재정을 유지할 수 있었던 요인을 두 가지로 들었다. 첫째는 정부 내 예산실은 국가 창고를 지키는 사명감을 갖고 있으면서, 예산을 깐깐하게 따지는 전통을 과거 경제기획원으로부터 이어오고 있다고 한다. 예산실 실·국장과 주요 보직 과장으로 구성된 심의회에서 최종 결정을 내리기 때문에, 한두 사람의 입김으로 예산을 쉽게 따기는 어렵다는 것이다. 둘째는 헌법 제57조의 '국회는 정부의 동의 없이 정부가 제출한 지출예산 각항의 금액을 증가하거나 새 비목을 설치할 수 없다'는 조항 때문이다. 국회가 예산을 삭감할 수는 있어도 스스로 증액하기는 불가능하다는 것이다. 때문에 국회의원들이 지역구 예산을 쉽게 넣을 수 없다.

학계로 보자면 합리적인 개인의 선택에 의해 경제 현상이 결정된다는 새고전학파 경제학이나 시장을 최우선적으로 중시하는 신자유의적인 흐름이 우세했다. 미국 유학파들이 대다수인 게 우리나라 경제학계의 현실이다. 미국에서 케인스주의가 쇠퇴한 1980년대 이후 미국 유학을 마치고 돌아온 학자들이 케인스주의에 우호적인 입장을 갖기 어려웠다. 대신 당시 미국 경제학계의 주류인 새고전학파나 신자유주의 경제학이 우리나라 경제학계의 주류를 형성했다. 또 진보 학계에서는 주류 학계에서 신자유주의가 풍미하는 것에 대한 반발로 마르크스주의 경제학에 경도되기도 했다. 보수와 진보로 나뉘면서 중간에 서 있는 케인스주의가 한국에서 영향력을 크게 넓힐 수 없었던 이유이기도 하다.

이런 관계와 학계의 환경 속에서 우리나라의 케인스주의가 경제 정책 수립에 있어 문재인 정부 초기와 같은 힘을 앞으로 계속 발휘할 수 있을지는 의문이다.

2장 아베노믹스의 탄생

아베 총리는
케인스주의자인가

"다카하시는 케인스주의 정책을 가장 성공적으로 적용했습니다. 다카하시는 나의 선구자이자, 나에게 용기를 줬습니다."

아베 신조 일본 총리는 2013년 6월 영국 런던을 방문한 자리에서 다카하시 고레키요高橋是清 전 대장대신(재무장관)의 정책이 '아베노믹스*'의 모델이라고 밝혔다. '일본의 케인스'로 불리는 다카하시는 1930년대 일본의 재무장관이다. 당시 전 세계를 휩쓴 대공황이 일본도 덮쳤을 때, 다카하시는 케인스주의적 정책을 펼쳐 일본을 가장 먼저 불황에서 벗어나게 했다는 평가를 받는다.

---

* 아베노믹스는 2006년 아베 총리의 1차 집권 당시 나카가와 히데나오中川秀直 자민당 간사장(사무총장)이 만든 용어라고 한다.

아베 총리는 우선 다카하시의 결단력과 속도전을 배웠다고 했다.

"1931년, 다카하시가 재무장관으로 복귀하자마자 바로 당일에 금 수출을 중지시켰습니다. 여기서 핵심은 그가 '취임 당일', 이런 조치를 실행했다는 것입니다. 왜냐하면 한번에 모든 것을 제거한다고 나서지 않으면 뿌리깊은 디플레이션 심리를 없애는 게 불가능하기 때문입니다. 나도 정확히 똑같이 하려고 했습니다. 국민들의 기대를 상향시키기 위해서 한꺼번에 모든 정책을 쏟아내는 게 필요하다고 생각했습니다."

아베는 2012년 12월 16일 총선 승리 직후 "일본 경제는 바닥에 있다. 정부의 첫번째 과제는 경제를 반등시키는 것"이라며 경제 회복을 최우선 과제로 삼겠다고 했다. 그리고 12월 26일 취임 이후 '세 개의 화살'*이라는 비유로 대표되는 '아베노믹스'의 시동을 걸었다.

"일본의 분위기는 과감한 금융 완화와 적극적 재정정책이라는 내가 발사한 첫번째, 두번째 화살로 인해 확실히 크게 변했습니다. 그러나 가장 중요한 화살은 세번째라고 할 수 있습니다. 이 세번째 성장 전략의 콘셉트에는 도전, 개방, 혁신이라는 세 가지 키워드가 들어 있습니다."

---

* 아베 총리는 2013년 1월 7일 일본 경제 3단체 신년 하례식에서 "과감한 금융 완화, 적극적 재정정책, 민간 투자를 이끌어낼 성장 전략 등 '세 개의 화살'로 디플레이션 탈피와 과도한 엔고를 시정해나가겠다"고 하면서, 자신의 경제정책을 세 개의 화살 일화에 비유하기 시작한 것으로 알려져 있다. 세 개의 화살 일화는 일본인에게 매우 유명한데, 16세기 일본 야마구치 지방의 영주였던 모리 모토나리가 세 아들에게 '한 개의 화살은 두 개의 화살보다 부러지기 쉽지만, 세 개의 화살이 모이면 쉽게 부러지지 않는다'고 했다는 이야기에서 비롯됐다고 한다.

아베 총리가 다카하시의 일화로 런던 연설을 시작한 데는 이유가 있다. 아베노믹스가 다카하시의 정책, 즉 케인스주의에 뿌리를 두고 있다는 걸 강조함으로써 영국과 세계 각국에 아베노믹스가 '이상한 경제정책'이거나 다른 나라에게 피해를 주려는 정책이 아니라는 인상을 주고자 한 것이다. 아베 총리는 "일본은 규칙에 입각한 평화롭고 안정된 국제 질서를 발전시키는 데 책임이 있고, 그런 나라의 경제가 위축된다는 것은 큰 죄라고 할 수 있다"고 말했다. 그리고 연설 중후반부에선 아베노믹스가 일본 경제를 어떻게 바꾸고 있고, 앞으로 아베노믹스의 성장 전략이 어떻게 전개될지에 대부분의 시간을 할애했다.

다카하시가 1930년대 일본에서 펼쳤던 경제정책은 이미 경제학계에서 불황을 극복하는 케인스주의식 정책으로 널리 알려져 있다. 벤 버냉키 전 미국 연방준비제도(연준) 의장은 2003년 연준 이사 시절 일본을 방문해 한 연설에서 다음과 같이 말했다.

"1930년대 초반 (일본의) 다카하시 재무장관은 리플레이션 정책을 통해 일본을 대공황으로부터 매우 현명하게 구해냈다. 미국의 프랭클린 루스벨트 대통령도 비슷한 리플레이션 정책을 1933년 이후 펼쳤다. 일본과 미국 모두 경제의 턴어라운드 속도가 놀라울 정도로 빨랐다."

여기서 버냉키는 리플레이션을 '과거의 물가 수준을 회복하기 위해 선호되는 장기 인플레이션율보다 높은 인플레이션 상태를 유지하는 것'으로 정의했다. 풀어서 얘기하면 2퍼센트 물가 상승이 장기 인플레이션 목표였다가 물가가 지속적으로 하락하는 디플레이션 상태에 빠졌다면, 일시적으로 2퍼센트보다 훨씬 높은 물가 상승률을 목표로 하는 정책(즉, 리플레이션 정책)을 펴야 한다는 것이다. 그리고 다카하시는 그와 같은 리플레이션 정책을 폈다는 것이다.

다카하시는 1931년 12월 재무장관에 취임한 후 약 5년간 일본 경제를 이끌었다. 당시는 1929년 미국의 증시 대폭락을 계기로 전 세계가 대공황의 초입에 들어가고 있던 때였다. 특히 일본은 1922년부터 1925년까지 3년 연속 마이너스 성장을 하고 있었고, 거기에 더해 1927년 '쇼와^{昭和} 금융공황'* 등이 닥치면서 불황에 시달리고 있었다.

다카하시의 주요 정책은 아베가 언급한 금 수출 금지 같은 자본 유출 통제만이 아니었다. 금본위제도**를 철폐하고 금리를 인하해 국내에 충분히 통화를 공급했으며 재정지출도 확대했다. 전통적인 케인스주의 정책이었다. 케인스주의의 바이블이라고 할 수 있는 『일반 이론』이 영국에서 출간된 때가 1936년이다. 그런데 다카하시는 그보다 5년 앞서 이미 케인스주의 정책을 일본에서 수행했다는 평가를 받

---

* 1923년 발생한 관동 대지진 복구를 위해 일본 은행들은 특별 어음을 발행했다. 그런데 1927년 이를 정리하는 와중에 상태가 좋지 않은 일부 은행이 '파산했다'는 루머가 돌면서 발생한 금융위기다.
** 금본위제도하에서는 정부나 중앙은행이 보유한 금의 양에 따라 지폐 등 화폐의 발행량이 제한된다. 금본위제도 폐지는 화폐 발행량을 금의 양에 묶어놓지 않겠다는 선언에 다름 아니다.

는다.*

정책금리의 경우엔 1년간 네 차례 인하하면서, 1931년 연 6.57퍼센트에서 1933년 연 3.65퍼센트로 반토막이 됐다. 금본위제도 폐지와 금리 인하의 결과, 일본 엔화의 가치도 급격하게 떨어지고 수출은 급증하게 됐다. 1932년 일본의 재정지출은 전년 대비 13퍼센트나 증가했다. 재정지출 재원은 증세가 아니라 국채 발행으로 충당했는데, 중앙은행인 일본은행이 국채를 바로 사주는 정책을 펴서 시장금리가 오르지 않도록 했다. 아베노믹스의 첫번째와 두번째 화살인 과감한 금융 완화와 적극적 재정정책이라는 콘셉트는 다카하시의 정책을 닮았다고 할 수 있다. 다만 아베노믹스는 다카하시와 달리 국채를 발행하자마자 일본은행이 직접 사주는 정책은 펼치지 않았다.**

다카하시의 정책으로 일본 경제는 1930년대 전 세계가 대공황 속에 허덕이는 와중에도 성장세를 보였다. 일본의 국민총생산GNP 증가율은 1931년 0.4퍼센트에서 1932년 4.4퍼센트로 뛰어올랐다. 그리고

---

* 다카하시는 어떻게 케인스의 이론을 종합한 『일반이론』이 나오기도 전에 종합적인 케인스주의 정책을 폈던 걸까. 다카하시는 영어에 능통했던 인물로, 이미 1900년대 초 일본 국채 발행을 위해 영국을 방문했고 영국 경제계 인사들과도 교류가 있었다. 영국의 동향을 누구보다 소상히 알고 있던 다카하시가 케인스의 다양한 저술을 이미 전부 파악하고 있었을 것으로 짐작하는 견해도 있다.[1]
** 국채를 발행하자마자 중앙은행이 사주는 정책을 '정부부채의 화폐화Debt Monetization'라고 하는데, 중앙은행의 독립성을 훼손하는 것이어서 선진국에선 금기시되는 정책이다. 1982년 발간된 『일본은행 금융백서』에서는 다카하시의 정책을 중앙은행 100년 역사상 최대의 실수라고 하기도 했다.[2]

아베노믹스 전후 일본 경제 성장률과 소비자물가 상승률

연도	2011	2012	2013	2014	2015	2016	2017
성장률	-0.1%	1.5%	2.0%	0.4%	1.4%	0.9%	1.7%
소비자물가 상승률	-0.2%	-0.1%	0.4%	2.7%	0.8%	-0.1%	0.5%

자료: 일본 정부

※ 아베 총리는 2012년 말 집권했다.

1933년 10.1퍼센트, 1934년 8.7퍼센트로 높은 성장률을 기록했다. 다만 다카하시는 이후 경기 과열을 우려해 긴축으로 돌아섰고, 그 결과 국방비 축소 등에 불만을 가진 일부 군부 세력이 1936년 군사 쿠데타를 일으켜 81세의 다카하시를 살해하기에 이른다. 다카하시의 정책은 케인스주의를 과감하게 도입한 사례이기도 하지만, 케인스주의적 확장 정책이 불행의 씨앗이 될 수도 있다는 것을 보여주는 사례이기도 하다.

'경제 문외한'에서 '경제 총리'로, 아베의 절치부심

아베 총리는 이미 2006년 9월 총리에 올랐던 적이 있다. 71퍼센트의 높은 지지율로 총리에 취임하며, 전임 총리였던 고이즈미 준이치로의 바통을 이어받았다. 당시 52세였던 아베는 제2차세계대전 후

최연소 총리라는 언론의 스포트라이트를 받기도 했다. 하지만 내각의 각종 부패 스캔들과 건강 문제로 1년 만에 사임하게 된다.

2006년 1차 집권 때 아베 총리에 대한 평가는 '경제 분야는 취약한 총리'였다. 그는 취임하자마자 '성장 없이는 일본의 미래가 없다'는 슬로건을 내걸고 3퍼센트 성장을 목표로 내세웠지만, '경제 총리'보다는 '정치 총리'라는 인상이 강했다. 정치적으로 '전후 체제로부터의 탈피'를 내걸고, 헌법 개정 절차를 정한 국민투표법을 제정하고 교육기본법을 개정하는 등, 일본에서 보수색이 짙다고 여겨지는 정책들을 추진했기 때문이다. 더구나 아베는 경제정책의 기본 방향에서 '구조 개혁'이란 문구를 삭제했다. 전임 고이즈미 총리가 성공적인 경제 총리라는 인상을 준 것은, 경제에 대한 구조 개혁을 앞세우고 거침없이 밀어붙였기 때문이다. 그런데 아베가 구조 개혁에 관심이 없다는 사실이 분명해지자 대중은 '아베가 경제는 잘 모른다'고 인식하게 됐다.

그러던 아베가 2012년 말 총리로 재집권하자마자 아베노믹스를 내세우며 '경제 총리'로 변신한 모습을 보였다. 집권에 앞서 그해 5월 기업인들을 비공개로 만난 자리에선 차트를 넘겨가며 일본은행, 유럽중앙은행ECB, 그리고 미국 연준의 본원통화량을 비교하는 모습을 보여 기업인들에게 '아베가 경제 문제를 잘 이해하고 있구나'라는 인상을 깊이 심어줬다고 한다.

2007년 9월, 1차 집권에서 물러난 후 아베는 자신의 내각이 단명에 그치게 된 원인이 무엇인지 분석했다. 또 재집권을 위한 전략도 짜

냈다. 한국의 문재인 대통령이 2012년 대선에서 실패한 후 그 원인을 분석하고 대선 승리 전략을 다시 고민한 것과 마찬가지다.

아베는 일본 보수주의의 회복과 확산이 '제1의 목표'인 정치인이다. 하지만 이 목표를 이루기 위해선 정치적인 구호만으론 부족하다고 판단하게 됐다. 정권 수립과 이후 그 정권에 대한 대중의 지지를 이끌어가기 위해서는 '경제' 어젠다가 중요하다는 사실을 인식한 것이다. 그는 '아베노믹스'를 가장 마지막으로 자신의 선거 어젠다에 포함시켰다고 한다.

2009년 일본 총선에서 자민당이 패배하고 민주당이 집권할 때 아베는 의원에 당선됐다. 하지만 이때까지도 해도 아베는 자민당 내에서 '전후 체제'를 개혁하고 헌법을 개정하자는 정치 구호에 집중하고 있었다. 그가 '아베노믹스'라는 경제 구호로 관심이 돌아선 것은 2011년 동일본 대지진 이후다. 2011년 6월 자민당 내 유명한 리플레파*인 야마모토 고조山本幸三 의원은 지진 복구를 위해 20조 엔의 재건 프로그램을 촉구하는 초당적인 의원 모임**을 만들었다. 이들은 20조 엔의 재원을 일본은행이 국채를 매입해서 만들자는 주장을 했다. 그런데 야마모토 의원은 아베를 이 모임의 회장으로 영입했다. 야

---

* 리플레파는 중앙은행이 채권을 사들여 돈을 풀거나, 인플레이션 목표를 높이는 식으로 인플레이션을 일으켜 디플레이션에서 벗어나자는 주장을 하는 그룹으로, 일본식 케인스주의자라고 할 수 있다.
** 増税によろない復興財源お求める會.

마모토 의원은 아베에게 일본은행이 좀더 적극적으로 움직여야 하며, 엔화 약세로 일본 경제의 '잃어버린 20년'을 되돌릴 수 있다고 설득했다. 야마모토는 《블룸버그 통신》과의 인터뷰에서 "처음에 아베는 내가 말하는 게 맞는지 의아해했다"면서 "나는 아베에게 '만약 경제통이 된다면, 새로운 이미지를 구축할 수 있다'고 조언했다"고 말했다.

이 의원 모임은 이후 일본은행의 인플레이션 목표를 '4퍼센트'에 맞출 것을 촉구하는 모임으로 변화했다. 아베는 기꺼이 야마모토의 아이디어를 받아들였을 뿐만 아니라, 리플레파의 거두인 하마다 고이치浜田宏一 예일대 명예교수를 만나 경제적으로는 케인스주의로 개종하게 됐다. 그리고 하마다 교수 등 일군의 리플레파 학자들과 공부 모임도 갖게 됐다. 그 과정에서 아베는 '일본의 경제 회복을 막는 주범은 일본은행의 소심한 금융정책'이라는 리플레파의 주장에 공감했다. 야마모토 위원은 《블룸버그 통신》과의 인터뷰에서 "그들(리플레파)의 아이디어는 마치 모래가 물을 품듯이 아베의 머릿속에 들어갔다"고 말했다. 과감한 금융 완화가 아베노믹스의 첫번째 목표가 된 이유다. 또 경제 재건을 위해 적극적인 재정정책이 필요하다는 생각은 지진 복구 프로그램을 고민하는 가운데 강해졌다.

처음엔 아베의 정치적 동반자 중에서 리플레파의 정책을 채택하는 데 반대하는 목소리도 있었다. 하지만 2012년 초가 됐을 때 아베가 과감한 금융 완화 정책을 겉으로뿐 아니라 속으로도 지지하는 게 분명해졌다. 여기에는 아베를 지지하는 경제계 인사들이 엔고에 반대하는 입장이었다는 사실도 영향을 줬다고 한다.

2012년 봄 아베를 지지하는 정치 세력은 아베가 9월 자민당 총재 선거에 나서는 것을 준비하게 됐다. 이들은 '소세이니혼創生日本'이라는 단체를 만들어 행동에 나섰다. 당시 교육 개혁과 헌법 개정 공약을 앞세웠지만, 3퍼센트 인플레이션 목표라는 공약도 들어갔다. 아베는 자민당 총재 자리를 거머쥔 뒤 12월 총선에서 일본 경제를 복원시킨다는 공약을 앞세워 압승했다. 1차 아베 내각에서 정치 이념을 앞세웠던 아베는 2차 내각에서는 '디플레이션 탈피'라는 경제와 민생 현실을 앞세우고, 헌법 개정은 뒤에 들고나오는 식으로 집권에 성공하게 됐다.

그는 왜 '리플레파'와 손잡았는가

아베는 2012년 9월 일본 자민당 총재에 당선된 뒤 한 달 정도 지나 미국 코네티컷 주 예일대에 있는 하마다 고이치 명예교수에게 직접 전화를 걸었다. 당시 상황에 대해 하마다 교수는 "정말 깜짝 놀랐다"고 표현했다. 아베는 하마다 교수에게 경기 회복과 리플레이션을 위해 필요한 통화정책의 역할에 대해 물었다고 한다. 하마다 교수는 아베의 질문에 대해 자신의 관점을 요약해서 전달했다.

마침 하마다 교수는 '미국은 일본 경제 부활을 알고 있다'[*]는 책의 원고를 마무리하고 있었다. 그의 답변은 결국 자신이 쓴 책의 내용을 요약한 것이었다. 이 책의 주된 내용은 일본 경제가 과거 20년 동안 디플레이션 불황에 시달린 건 대부분 중앙은행인 일본은행의 잘못된 금융정책 때문이라는 것이다. 하마다 교수는 일본은행이 전세계 어디에도 없는 '일본은행식 이론'을 주장했고, 그에 근거해 엔고를 초래하고 화폐의 흐름을 저해했다고 지적했다. 그 결과 주가는 떨어뜨리고 실업과 파산을 확산시켰다며 일본은행을 비판했다. 시라카와 마사아키白川方明 총재가 이끌었던 일본은행은 디플레이션의 주요한 원인을 인구 감소 등 구조적인 변환에서 찾았다. 그러면서 적극적인 금융 완화보다는 장기적인 구조 개혁에 나서야 한다는 견해를 갖고 있었다. 하마다 교수의 말은 일본은행이 '구조 개혁론'에만 목매지 말고 적극적인 금융 완화 정책에 나서야 한다는 것이었다. 리플레파의 전형적인 주장이다.

하마다 교수는 이런 '전화 자문' 등을 해준 인연으로 아베가 총리에 오른 뒤 '아베노믹스의 설계자'로 불렸다. 하마다 교수와 아베가 처음 알게 된 것은 10여 년 전으로 거슬러올라간다. 2001~2003년 하마다 교수는 예일대의 안식년을 이용해 일본에 머물면서 내각부 산하 경제사회종합연구소 소장을 지냈다. 이때 고이즈미 총리의 경제재

---

[*] 『アメリカは日本経済の復活を知っている』는 2013년 일본의 고단샤에서 출간된다.

정자문회의에 참석하게 되면서 내각 관방부 장관이었던 아베와 처음 만났다. 하지만 당시엔 하마다 교수와 같은 리플레파의 목소리는 소수파에 불과했다. 아베가 정성을 다해 귀기울일 만한 학자는 아니었던 것이다.

그러나 2012년 하반기 하마다 교수가 아베의 귀를 붙잡으면서 일본 경제학계에서 소수의 목소리였던 리플레파가 주목받게 됐다.* 앞서 언급했듯이 아베는 리플레파인 야마모토 고조 의원이 주도하는 모임에 참석했을 뿐 아니라 리플레파 학자들과 공부 모임도 함께했다. 공부 모임에 주로 얼굴을 보였던 학자들은 하마다 교수를 비롯해 이와타 기쿠오岩田規久男 가쿠슈인대 교수, 이토 다카토시伊藤隆敏 도쿄대 교수(현 컬럼비아대 교수) 등이었다고 한다. 2001년 일본은행이 처음으로 양적 완화 정책을 펼칠 때 아이디어를 줬던 나카하라 노부유키中原伸之 전 일본은행 정책위원도 모임에 참석한 것으로 알려졌다.

아베가 총리에 오르면서 리플레파는 한순간에 일본의 경제정책을 주무르는 자리에 올라서게 됐다. 일본의 한 분석가는 "리플레파가 추위에 떨다가 총리 바로 옆에 있는 벽난로 가에 앉게 됐다"고 평가하

---

*아베가 과감한 금융 완화를 주장하는 리플레파의 목소리에 쉽게 동화됐던 데는, 1차 아베 내각 당시 일본은행이 금리를 올리면서 정권을 내주게 됐다는 인식이 깔려 있다는 시각도 있다. 2006년 7월 일본은행은 2001년 3월 이후 5년 4개월 만에 제로금리를 종결하고 기준금리를 연 0.25퍼센트로 올렸다. 이후 2007년 2월 다시 기준금리를 0.25퍼센트 포인트 올렸다. 당시 아베는 금리 인상이 "적절했다"고 했지만, 2012년에는 "일본은행이 2006년 정책 실수를 했다"고 입장을 바꿨다.

기도 했다. 하마다 교수와 혼다 에쓰로本田悅朗 시즈오카현립대 교수
는 총리 경제자문을 맡게 됐고, 아베노믹스의 핵심 엔진인 일본은행
은 리플레파가 점령하다시피 했다. 2013년 이와타 기쿠오 가쿠슈인
대 교수*가 일본은행 부총재에 임명됐고, 이어 2015년 하라다 유타
카原田泰 와세다대 교수, 2016년 사쿠라이 마코토櫻井眞 사쿠라이 어
소시에이트 국제금융연구센터 대표, 2017년 가타오카 고시片岡剛士 미
쓰비시 UFJ 리서치앤드컨설팅 연구원 등 리플레파들이 속속 일본은
행 정책위원 자리를 차지했다. 일본은행 정책위원은 한국으로 따지
면 한국은행 금융통화위원과 같은 자리다.

　일본 경제학계의 리플레파들은 일본판 케인스주의자들이라고 할
수 있다. 일본 경제학계는 제2차세계대전 전에는 마르크스주의 경제
학의 영향력이 강했다. 마르크스주의 경제학은 제2차세계대전 후 미
군정을 거치면서 정치 경제학이란 이름으로 살아남았다.** 여기에 미
국 경제학의 영향을 받은 신고전학파Neo Classical나 케인스주의가 도
입되면서 이들은 근대 경제학이란 이름으로 불리며 영향력을 강화하
는 양상을 보였다. 그러나 유효수요를 진작시키자는 정통 케인스주의
경제학은 일본 경제학계에서 큰 영향력을 얻지 못했다. 경제구조의

---

* 이와타 부총재는 2018년 3월 19일 임기가 끝났다. 역시 리플레파인 와카타베 마사즈미
若田部昌澄 와세다대 교수가 신임 일본은행 부총재로 그뒤를 잇게 됐다.
** 1980년대까지도 일본 경제학계의 다수는 케인스주의자도 신고전학파 학자도 아닌 마
르크스주의 경제학자들이었다. 도쿄대 등 주요 대학 경제학과 교수들은 마르크스주의 경
제학자들이 주도하고 있었다.[3]

문제점을 파헤치는 마르크스주의 경제학의 영향을 받았던 학자들은 수요 문제를 다뤘던 케인스보다 경제구조의 문제를 지적했던 슘페터를 더 선호했다. 특히 일본에서는 대중적으로 슘페터가 케인스보다 더 저명한 경제학자로 여겨졌다. 스스로 케인스주의자를 자처했던 경제학자들도 수요 진작보다는 구조 개혁에 더 많은 관심을 가졌다. 더구나 1990년대 불황 가운데 단기적으로 수요를 증진시키는 케인스주의식 거시 경제정책을 써봐도 효과가 없다는 인식*이 퍼지면서 케인스주의는 비주류로 남아 있었다.

그런데 1990년대 시작된 일본의 20년 불황을 두고 일본 경제학계보다는 오히려 해외 경제학계에서 논쟁을 촉발시켰다. 일본이 불황에서 빠져나오려면 어떤 거시 경제정책을 펴야 하는지에 대한 논쟁이었다. 그중 1998년 폴 크루그먼 프린스턴대 교수가 새케인스주의에 입각해서 일본 경제에 했던 조언들의 반향이 가장 컸다. 크루그먼은 우선 일본의 경제 상태를 '유동성 함정liquidity trap'으로 정의했다. 크루그먼은 명목금리가 제로금리까지 떨어졌지만, 물가가 더 떨어질 것이라고 보는 디플레이션 기대 때문에 실질금리는 높은 상태로 유지되

---

* 고이즈미 정부 시절 장관을 지낸 다케나카 헤이조竹中平蔵 전 경제재정정책 담당 장관은 다음과 같이 케인스주의 정책에 대해 부정적인 입장을 보인 바 있다. "90년대 동안 경제정책은 주로 수요 육성 정책이었다. 이는 경제가 일시적인 수요 부족을 보일 때 적용하는 정책이다. 소위 케인스주의 정책이라고 할 수 있다. 그러나 케인스의 이론은 틀렸다. 90년대 이후 일본이 겪은 불황은 일시적인 수요 부족 때문이 아니었다. 오히려 부실 채권 같은 공급 측면의 심각한 문제 때문이었다."4

는 것을 유동성 함정이라고 봤다. 실질금리는 명목금리에서 물가 상 승률 기대를 뺀 것이다. 물가 상승률 기대가 마이너스면 명목금리가 제로(0)여도 실질금리는 플러스가 된다. 제로금리이기 때문에 고용과 생산을 늘리기 위해 명목금리를 더 낮출 수 없고 수요도 부족한 상 태가 오랜 기간 지속되게 된다. 이를 해결하기 위해 크루그먼은 일본 은행이 장기적으로 인플레이션을 일으키겠다는 선언을 해서 디플레 이션 기대를 깨야 한다고 했다. 구체적으로 10년간 인플레이션 목표 를 4퍼센트로 하겠다는 '리플레이션' 선언을 해야 한다고 했다.

크루그먼의 말에 공감한 일군의 일본 학자들은 2003~2004년에 걸쳐 '리플레파'를 형성하게 된다. 리플레파는 일단 디플레이션과 디 플레이션 기대라는 개념에 주목했다. 그리고 디플레이션을 없애기 위 해 리플레이션 정책을 지지하고, 인플레이션 목표제를 통해 완만한 인플레이션 경로로 다시 복귀하도록 하는 정책을 요구했다. 이들은 재정 확대로 유효수요를 늘려 불황에서 벗어나자는 정통 케인스주의 보다는 과감한 통화정책을 통해 불황에서 벗어나자는 새케인스주의 에 가까운 주장을 했다.

**일본은행의 변신,
QE가 아닌 QQE**

"지난 20년간 일본은행은 (일본 정부에) '구조 개혁을 먼저 해야 우리가 돈을 보여주겠다'고 해왔다. 그런데 이제 일본은행은 '먼저 돈을 보여달라'는 요구를 받고 있다."

2013년 3월 4일 《파이낸셜 타임스》는 아베노믹스의 출발을 분석한 '여보게, 큰손Hey, big spender'이라는 특집 기획기사에서 아베노믹스가 일본은행에 변신을 요구하고 있다고 보도했다. 이 기사가 나오기 한 달 전, 시라카와 일본은행 총재는 임기 만료일(4월 8일) 20여 일 전인 3월 19일에 조기 사임하겠다고 밝혔다. 그사이 아베 총리는 아베노믹스를 충실하게 수행할 인물로 구로다 하루히코黑田東彦 아시아개발은행ADB 총재를 차기 일본은행 총재로 낙점했다.*

《월스트리트 저널》은 구로다 총재의 내정 사실을 보도하면서, 시라카와 전 총재를 다음과 같이 평가했다.

"시라카와 총재는 통화정책 이론에는 정통하지만 종종 시장에 혼란을 불러왔다. 예컨대 애널리스트들은 시라카와 총재가 자신이 소개하는 통화정책의 효력에 대해 한계가 있다고 얘기하면서, 왜 통화정책으로 어떻게 할 수 없는 경쟁력이나 성장 잠재력 강화 등 구조적인 문제를 해법으로 강조하는지 이해하지 못했다. 시라카와 총재의 이런 언급은 시장뿐 아니라 심지어 일본은행 내에서도 일본은행이 단호하게 행동하기를 꺼려한다는 회의주의를 불러왔다."

---

* 구로다 총재는 2018년 4월 8일, 5년 임기가 돌아왔지만 연임이 결정됐다. 이로써 구로다 총재는 1956년부터 1964년까지 재임했던 야마기와 마사미치山際正道 총재 이후 50여 년 만에 처음으로 재임기간 5년을 넘긴 일본은행 총재가 됐다.

아베노믹스의 '세 가지 화살' 정책 중 과감한 금융 완화를 우선적으로 추진했던 아베로서는 시라카와 총재와 함께 가기 어려웠을 것이다. 아베노믹스 출범 이후 일본은행 총재의 교체는 일본에서 '구조개혁론자'들이 '케인스주의자'에게 바통을 넘겨준 상징적인 일이다. 시라카와 총재의 조기 사임이 중앙은행의 정치적 독립성에 대한 심각한 위협일 수 있는데도 시장에선 큰 비판이 나오지 않았다. 오히려 앞서 봤듯이 외신에선 시라카와 총재가 그간 보낸 메시지가 엉뚱했다는 해석까지 나왔다. 그만큼 아베노믹스는 전격적이었고 아베노믹스에 대한 기대도 높았다.

케인스주의자들은 물가, 임금, 금리 등 경제 변수들이 경제 상황 변화를 즉각적으로 반영하지 않는다고 생각한다. 그렇기 때문에 통화정책이 효과가 있다고 여긴다. 실업이 증가하는 경우 완화적인 통화정책을 펴면 경제에 돈이 퍼지고 경제활동이 늘어나 고용이 증가하게 된다고 생각하는 것이다. 케인스주의자들은 경기 침체나 불황을 경제적인 질병이라고 본다. 때문에 불황을 타개하기 위해 완화적인 통화정책을 펴야 한다고 주장하는 것이다.

반면 새고전학파 경제학자들은 모든 경제 주체가 활용할 수 있는 정보를 전부 이용해서 합리적으로 기대한다고 가정한다. 그렇다면 중앙은행이 금리를 내려 통화량 공급을 늘리면, 누구나 물가가 올라갈 것이라고 생각해서 즉각적으로 가격에 반영된다. 모든 물가가 통화량을 늘린 만큼 올라가면 실질가격은 변화가 없는 것이므로 경제 주체들의 행동도 변화할 이유가 없다. 결국 중앙은행이 예상할 수 있는 정책을 펴면 효과가 나타날 수 없다고 보는 것이다. 경기 순환은 효율적인 시장이 움직이는 결과이기 때문에 통화정책이나 재정정책을 가지고 인위적으로 손을 대서는 안 된다는 것이다.

일본은행은 '케인스주의적' 중앙은행으로 변신하게 되면서 침체된 수요를 자극하기 위해 각종 통화정책 실험을 펼쳤다. 그중에는 인플레이션 목표제나 마이너스 정책금리* 등 이미 다른 나라가 도입했던 것도 있지만, '양적·질적 금융 완화QQE'나 '장기금리 조작' 등 독창적으로 개발한 것도 있다.

우선 구로다 총재가 취임하기 이전인 2013년 1월, 이미 연간 물가 상승률을 2퍼센트라고 공표하는 '인플레이션 목표제'를 도입했다. 일본의 2012년 소비자물가 상승률은 −0.2퍼센트였는데 '물가를 올리는 게 중앙은행의 정책 목표'라는 사실을 분명히 한 것이다. 여기서 핵심은 인플레이션 목표를 공표하고, 그 목표를 달성하기 위해 노력한다고 국민들에게 알리는 것이다. 당초 2015년까지 달성하겠다는 목표를 제시했지만, 구로다 총재는 그동안 달성 시기를 다섯 차례나 연기했다. 여전히 일본 국민들이 물가가 오르지 않을 것이라고 생각하면서 목표 달성이 요원해졌기 때문이다. 하지만 구로다 총재는 '2퍼센

---

* 덴마크중앙은행은 2012년 7월 중앙은행이 제시하는 정책금리 중 하나인 예치금 금리를 기존의 0.05퍼센트에서 −0.2퍼센트로 낮춰 글로벌 금융위기 이후 공식적인 마이너스 정책금리를 처음으로 제시했다.

트 물가 달성'을 포기하지 않고 계속 유지하고 있다.

그리고 구로다 총재는 취임 후 같은 해 4월 '양적·질적 금융 완화 정책'를 도입한다고 발표했다. 일본은행은 2001~2006년 경기 침체기에 양적 완화QE 정책을 도입한 바 있다. QE정책은 정책금리가 제로 수준으로 떨어졌을 때 중앙은행이 직접 시장에서 채권을 매입해 시장금리를 떨어뜨리는 정책이다. 미국 연준도 2008년 글로벌 금융위기 이후 제로금리 정책을 펼치면서 QE정책을 병용했다.

일본은행은 이번엔 과거와 달리 QQE정책이라는 이름을 붙였다. 과거엔 국채를 주로 사들였지만 이번엔 국채뿐 아니라 주식시장에서 상장지수펀드ETF, 부동산투자신탁REIT 등 민간 자산도 사들였다. 그래서 질적으로도 한 단계 업그레이드됐다는 이미지를 주기 위해 QQE란 이름을 썼다. 일본은행은 QQE를 수행하기 위해 통화정책 운용 목표를 기존의 콜금리에서 본원통화로 바꾸고, 본원통화를 연간 60조~70조 엔씩 늘리겠다고 했다. 이를 위해 장기국채 매입도 연간 50조 엔 정도 늘리겠다고 했다. ETF도 매년 1조 엔을 사들이는 등 민간 자산도 매입하기로 했다.* 시장에서 직접 자산을 매입하면서 2016년 말 기준으로 일본은행의 대차대조표는 GDP 규모의 88퍼센트에 해당할 정도로 커졌다. 이 비중이 미 연준은 24퍼센트, 유럽중

---

* 일본은행은 2014년 10월 말 연간 본원통화 증가 목표를 60~70조 엔에서 80조 엔으로 늘리고, 연간 장기국채 매입액도 50조 엔에서 80조 엔으로 증가시키는 등 QQE를 확대한 QQE2를 실시했다.

앙은행은 34퍼센트인 것을 감안하면 일본의 QQE 규모가 얼마나 큰지 가늠할 수 있다.

구로다 총재는 2016년 2월 '마이너스 정책금리'도 채택했다. 마이너스 정책금리는 은행들이 중앙은행에 돈을 맡기면 이자를 받는 게 아니라 오히려 보관료를 내야 하는 정책이다. 은행들이 여유자금을 중앙은행으로 갖고 오지 말고 대출을 적극적으로 하라는 것이다. 일본은행에 앞서 유럽중앙은행, 덴마크중앙은행, 스웨덴중앙은행, 스위스중앙은행 등 유럽에서 먼저 마이너스 정책금리를 도입했다. 당시 일본은행은 정책금리를 −0.1퍼센트로 결정했는데, 마이너스 금리는 현금을 선호하는 사람들이 많은 일본에선 작동하기 어려운 정책 아니냐는 논란을 빚었다. 마이너스 금리가 작동하려면 은행이 보관료를 아끼기 위해 중앙은행에 돈을 맡기지 않고 민간에 돈을 풀어야 한다. 하지만 사람들이 현금을 선호해 이미 민간에 현금이 충분하다면, 은행들은 민간에 돈을 풀 수 없고 보관료만 내야 하므로 수익성이 떨어지게 된다.

마지막으로 구로다 총재는 2016년 9월 '장·단기금리 조작 조건부 양적·질적 완화' 정책을 도입한다고 발표했다. 마이너스 금리정책으로 시장금리가 떨어졌지만, 은행들의 수익성도 떨어지는 문제가 발생하자 그 대안으로 고안해낸 것이다. 이 정책은 단기금리는 마이너스로 유지하면서 장기금리는 제로금리로 유도하는 것을 말한다. 은행들은 어차피 단기로 빌려서 장기로 대출해 수익을 내기 때문에, 단

아베노믹스 전후 일본 엔화 환율

연도	2011	2012	2013	2014	2015	2016	2017
연평균 엔화 환율	79.7	79.8	97.6	105.9	121.1	108.8	112.1

단위: 달러당 엔, 자료: 한국은행

아베노믹스 전후 일본 주가 추이

	2011년 말	2012년 말	2013년 말	2014년 말	2015년 말	2016년 말	2017년 말
닛케이지수	8455.35	10395.18	16291.31	17450.77	19033.71	19114.37	22764.94

자료: 한국은행

※ 아베 총리는 2012년 말 집권했다.

기금리보다는 장기금리가 높아지면 수익성에 문제가 없게 된다. 실제 10년 만기 채권금리는 마이너스 금리정책 시행 이후 −0.3퍼센트까지 떨어졌다가 일본은행이 장기금리 관리 정책을 선언한 이후 0퍼센트대로 상승했다.

일본은행의 과감한 금융 완화 정책은 주로 주가와 환율에 큰 영향을 미쳤다. 아베노믹스 이전 1만 엔에 못 미치던 닛케이지수는 2015년 7월 2만 엔을 넘어섰다. 2016년에는 중국 경기 둔화 우려 등으로 1만 5,000엔대까지 하락했지만, 2017년에는 글로벌 경기 상승세 등의 도움을 받으면서 다시 2만 엔 선을 넘겼다. 달러 대비 엔화 환율은 2012년 달러당 80엔대까지 떨어지면서 초강세였지만 일본은행의 금융 완화로 가치가 급락했다. 2013년 5월 100엔 선을 넘고, 2015년 중반에는 125엔까지 올랐다. 2016년 일시적으로 100엔 선으로 하락했지만, 2017년엔 다시 110엔대에서 움직였다.

세번째 화살,
일본의 구조 개혁

2017년 7월 IMF는 일본에 대한 연례협의 보고서에서 "지금이 경제구조 개혁을 강화할 때"라고 밝혔다. IMF 이사들은 "구조 개혁이 야심찬 일본의 목표를 달성하는 데 있어 일본이 따라야 하는 필수적인 요소"라고 밝혔다. 구체적으로 정규직과 비정규직으로 갈라진 노동시장의 이중성을 줄이고 이동성은 늘려, 생산성을 높이고 임금 압박을 강화하는 조치에 초점을 맞춰야 한다고 했다. 또 잠재성장률을 높이기 위해 노동 공급을 다변화하면서 증가시키는 것뿐만 아니라 투자를 부양하기 위한 개혁이 뒤따라야 한다고 권고했다. 이를 위해 정규직과 여성, 고령층의 노동 참여를 늘리고 외국인 노동력의 사용을 촉진하라고 했다. 그리고 이런 노동시장 개혁은 수익성 높은 기업이 임금을 인상하도록 하는 강한 인센티브 등을 포함해 각종 소득정책으로 보완해야 한다는 권고를 했다.

아베노믹스의 세번째 화살인 구조 개혁은 출발이 늦었다. 과감한 금융 완화와 적극적인 재정정책이라는 첫번째, 두번째 화살은 아베노믹스의 활시위에서 바로 출발했다. 과감한 금융정책은 일본은행이 2013년 1월 2퍼센트 인플레이션 목표제를 도입하고, 4월 QQE정책을 발표하는 등 정권 초기에 시동을 걸었다. 적극적 재정정책도 아베 정권이 출범한 직후인 2013년 1월 GDP의 2퍼센트에 이르는 10조 3,000억 엔 규모의 대규모 재정 부양 패키지를 발표하는 등 속도에 있어선 첫번째 금융 완화 화살과 거의 동시에 출발했다.

하지만 구조 개혁을 뜻하는 아베노믹스의 세번째 화살인 신성장 전략은 2013년 6월에야 모습을 드러냈다. 신성장 전략은 금융 완화와 재정 확대 정책만으로는 일시적인 효과에 그칠 수 있다는 문제의식에서 나왔다. 규제 완화 등 구조 개혁이 수반된 성장 전략을 병행하겠다는 것이다. 민간 부문을 활성화하고 장기적인 성장 기반을 만들겠다는 말이다.

그런데 구조 개혁을 하면 기득권 세력은 피해를 볼 가능성이 크다. 이미 기존 구조에서 이득을 얻고 있었기 때문이다. 그래서 아베 정부가 신성장 전략을 확정하는 데 시간이 오래 걸렸던 것이다. 일본 정부는 매년 성장 전략을 개량하는 식으로 구조 개혁 방식을 업그레이드하고 있다. 예를 들어 2016년에는 39.5퍼센트인 법인세 실효세율을 20퍼센트대로 낮춘다는 전략을 더했고, 2015년에는 4차 산업혁명의 기반을 마련하는 내용을 덧붙였다. 최초 신성장 전략은 10년간 연평균 성장률을 2퍼센트로 끌어올려 1인당 국민소득을 150만 엔 이상 늘리겠다는 목표를 내세웠다. 그러나 일본의 성장률은 2013년에만 2퍼센트를 기록했을 뿐 아베노믹스 기간* 중 평균 성장률은 1.4퍼센트 수준이어서 목표에 미달하는 성적을 내고 있다.

아베 정부는 2016년 6월, 디플레이션 탈출을 앞두고 있다고 평가하고 구조 개혁 중심의 아베노믹스 2단계를 추진하겠다고 밝혔다. 인구 감소에 대응해 50년 뒤에도 인구 1억 명이 활발하게 활동하는 '1억 총활약 사회'를 실현하겠다는 게 아베노믹스 2단계의 목표다. 아베노믹스 1단계에서는 저성장·저물가 상황인 디플레이션 탈출이 중요한 목표였지만, 2단계에서는 인구 1억 명을 유지해 구조적 문제 해결을 중심에 두는 것이다. 이를 위해 새로운 세 개의 화살 목표도 발표했다.

2022년까지 GDP 600조 엔을 달성하는 '강한 경제'가 새로운 첫 번째 화살이다. 2016년 일본의 GDP는 538조 엔을 기록했다. 두번째 새로운 화살은 2026년에 출산율 1.8명을 달성하기 위한 '육아 지원'이다. 아베노믹스는 1단계부터 여성의 경제활동을 독려하는 '위미노믹스Womenomics'도 주요한 성장 전략 중 하나로 내세우고 있다. 마지막으로 새로운 세번째 화살은 고령자에 대한 간병 환경 개선, 노인 취업 확대 등을 통해 고령 친화적인 사회를 건설하기 위한 '사회보장'이다. 단순한 복지 확대가 아니라 경제 활력을 유지하기 위해 노인 복지 확대를 성장 전략의 하나로 내세우고 있는 점이 주목된다.

---

* 2013년 1분기~2016년 4분기 기준 일본의 평균 성장률은 1.4퍼센트로 잠재성장률(0.8퍼센트)을 훨씬 뛰어넘는 성적을 보였다. 하지만 당초 목표에는 못 미친다.

아베노믹스는 성장률을 개선하고 주가와 환율을 올려 금융시장에 활력을 불어넣는 데 어느 정도 성과를 내고 있다. 그렇지만 장기 성장세를 이어갈 수 있느냐 없느냐의 관건은 구조 개혁에 달려 있다고 하겠다. 2012년 말 아베노믹스가 시작된 이후 5년간 아베가 정권을 유지하면서 금융정책과 재정정책의 기조를 유지했다. 과거 일본에선 2년 정도마다 총리가 바뀌면서 정책의 일관성이 없다는 지적이 많았다. 하지만 이번엔 정책의 연속성이 이어진다는 데서 차이가 있다.* 구조 개혁이나 성장 전략은 장기간 일관되게 추진해야 효과를 볼 수 있다. 그렇다면 이제 아베노믹스의 관건은 신성장 전략이 효과를 발휘할 것이냐에 달려 있다는 것이다. 그런 점에서 IMF가 2017년 일본에 대해 이제는 구조 개혁을 강화할 때라고 권고한 게 의미가 있다. 일본의 구조 개혁이 케인스주의적 통화정책, 재정정책과 어떤 조화를 이룰지 지켜볼 필요가 있다.

---

* 아베 총리는 2012년 12월 26일 취임해 2017년 말 현재 재임 일수가 1,831일(약 5년)이다. 1차 집권기인 2006년 9월 26일부터 2007년 9월 26일까지를 합치면 2,196일(약 6년)이 된다. 이는 전후로 따져 사토 에이사쿠佐藤栄作(2,798일)와 요시다 시게루吉田茂(2,616일) 전 총리에 이어 역대 3위의 재임 일수다. 만약 아베 총리가 2021년까지 집권하면 전후 최장 기간 집권한 총리가 된다. 제2차세계대전 후로 따지면 일본에선 1947~2012년 동안 31명의 총리가 집권했고 평균 재임기간은 2.1년에 불과하다.

아베의 소득 주도 성장?
임금 인상을 유도하는 세 가지 정책

아베 일본 총리는 2017년 10월 28일 경제자문회의에서 일본 경제 단체 게이단렌經團連의 사카키바라 사다유키榊原定征 회장 등을 만나 '3퍼센트 임금 인상'을 요구했다. 아베 총리가 구체적인 수치를 언급 하면서 재계에 임금 인상을 촉구한 것은 이례적인 일이다. 아베 총리 는 2013년 하반기부터 기업들에 임금 인상을 요구하기는 했지만 "적 어도 전년 수준"이라는 표현을 쓰면서 구체적인 수치를 언급하지는 않았다.

일본에서 기업과 노동조합은 매년 초 임금교섭을 벌인다. 이를 춘 계 투쟁, 줄여서 '춘투春鬪'라고 부른다. 보통 1월 중순 회사와 노조가 각각 임금 인상 요구 수준을 제시하면서 시작된다. 그런데 2014년부 터는 춘투 앞에 '관제官製'란 말이 붙고 있다. 노동계가 아닌 정부가 기 업에 대해 임금 인상을 요구하고 있기 때문이다. 2013년 9월 총리실 주최로 정부, 재계, 노동계가 '경제 선순환 실현을 위한 노사정 회의' 를 열었고, 이를 계기로 정부가 재계에 임금 인상을 요청했다. 이후 매년 하반기 아베 총리가 나서 재계에 임금 인상을 요구하고 있다.

그런데 2017년에 들어서는 '아베노믹스'로 추구하던 임금 선순환 이 제대로 작동하지 않자, 아베 총리가 구체적인 수치까지 언급하면 서 재계를 압박하는 모습을 보인 것이다. 아베노믹스는 과감한 금융 완화 정책으로 엔저를 불러오고, 이는 수출 대기업의 이익을 증가시켜 임금 상승으로 이어지는 경로를 상정하고 있다. 임금이 오르면 국내 소비도 활성화되고 경제가 확 살아날 것이란 기대를 하고 있다. 그러나 아베노믹스 추진으로 기업 이익을 증가시키는 데까지는 성공했지만 임금 상승으로는 이어지지 않고 있다. 내수도 여전히 지지부진하다.

일본의 명목임금 상승률은 2011~2013년 연평균 −0.5퍼센트를 기록했지만, 아베의 임금 인상 촉구로 2014~2016년 연평균 0.3퍼센트 상승하는 등 플러스 증가율로 돌아섰다. 하지만 2014~2016년 실질임금 상승률은 여전히 연평균 −1.0퍼센트를 기록해 같은 기간 GDP가 연평균 0.8퍼센트 증가한 것과 비교하면, 임금 상승률이 경제 성장률을 쫓아가지 못하는 현상이 나타나고 있다. 이에 따라 분배구조도 악화되고 있다. 2017년 2분기 노동소득 분배율은 59.2퍼센트로 1991년 4분기(58.9퍼센트) 이후 26년 만에 최저 수준으로 추락했다. 아베노믹스로 기업들의 배만 불리고 국민들의 주머니는 얇아졌다는 여론이 형성될 우려가 커지고 있는 것이다. 더구나 아베노믹스가 경제 성장을 이끌기 위해서는 가계소득이 늘고 실제 민간 소비가 늘어야 하기 때문에, 아베 총리로서도 아베노믹스의 성과를 보여주기 위해선 임금 인상을 독려할 수밖에 없게 됐다.

아베노믹스가 임금 인상을 유도하는 정책은 크게 세 가지다. 첫째, 임금을 올리는 기업에 세제 혜택을 주는 것이다. 아베노믹스 출범 이후, 2012년보다 임금 총액을 2퍼센트 늘리는 기업에 대해서 법인세를 감세해주는 정책을 채택했다. 그리고 이 기준은 3~5퍼센트로 점점 강화하고 있다. 둘째, 최저임금을 올리는 정책이다. 일본 후생노동성 중앙최저임금심의회는 2017년도 시간당 최저임금 전국 평균 목표치를 전년보다 3퍼센트 올린 848엔으로 정했다. 이는 최저임금제도를 도입한 2002년 이후 2016년(3.1퍼센트)에 이어 두번째로 높은 인상률이다. 일본은 정부가 전국을 4개 지역으로 나눠서 목표치를 정하면, 각 지역별로 심의회를 열어 지역 사정에 맞게 최저임금을 확정하는 방식이다. 일본 정부는 2016년 6월 각의결정(국무회의 의결)한 '1억 총활약 사회 계획'에서 해마다 3퍼센트 정도씩 최저임금을 올리겠다고 밝혔다. 2023년에는 전국 평균 최저임금 1,000엔(약 1만 원) 이상을 달성한다는 목표도 설정하고 있다. 셋째는 앞서 본 바와 같이 임금을 올리도록 재계에 독려하는 방식이다. 이에 따라 자본금 10억 엔, 종업원 1,000명 이상 기업의 임금 인상률은 2014~2017년 연속 2퍼센트를 넘고 있다.*

이밖에도 아베 정부는 정규직과 비정규직의 임금 격차를 줄이고 노동생산성을 높여 가계소득을 불려주는 정책도 펴고 있다. '동일 노동에 동일 임금을 주자'는 가이드라인을 2016년 12월 발표했고, 2017년 5월에는 소매업, 음식업, 숙박업, 간병업, 운송업 등 5개 서비

---

* 2014년 2.2퍼센트, 2015년 2.4퍼센트, 2016년 2.1퍼센트, 2017년 2.1퍼센트.

스 분야의 생산성 향상을 추진하는 '생산성 향상 국민운동 추진협의회'를 발족하고 아베 총리가 의장을 맡았다. 이런 임금 증대 노력은 아베노믹스의 세 가지 화살 정책에는 명시적으로 제시돼 있지 않다. 그렇지만 아베노믹스의 작동을 위해 점점 더 중요한 정책으로 인식돼가고 있다.

해외의 케인스주의 학자들은 일본의 디플레이션 탈출을 위한 특단의 조치로 '임금 10퍼센트 증대 정책' 등 소득 증대 정책을 내놓으라는 조언을 하고 있다. 대표적인 인물이 2008~2015년 IMF 수석 이코노미스트를 지낸 올리비에 블랑샤르Olivier Blanchard 피터슨 국제경제연구소 선임연구원과 애덤 포즌Adam Posen 피터슨 국제경제연구소 소장이다. IMF도 2016년 연구 보고서를 통해 일본이 아베노믹스의 세 가지 화살 정책에 더해 소득정책(임금을 늘려 인플레이션을 유도하는 정책)을 펴야 한다는 주장을 하기도 했다.

블랑샤르와 포즌은 네 가지 구체적인 정책 제안도 했다.[5] 첫째, 기업들이 적정 수준의 임금 인상을 단행할 때까지 법인세 인하를 연기해야 한다고 했다. 일본 정부는 39.5퍼센트였던 법인세 실효세율을 20퍼센트대로 낮추려고 하고 있는데, 이를 임금 인상과 연계해야 한다는 것이다. 둘째, 공공 부문이 선도적으로 임금을 올려 민간 부문의 임금 인상을 유도할 것을 주문했다. 셋째, 최저임금과 정부 하도급 계약을 하는 부문의 임금을 적어도 5퍼센트 인상하라고 했다. 넷째, 법을 개정해서 정부가 관할권을 갖는 임금 범위를 넓히고 3퍼센트 임금 인상을 제도화하라고 했다. 블랑샤르는 이러한 특단의 대책을 세워야 하는 이유를 다음과 같이 설명했다.

"여기서 초점은 기업에서 노동자에게 재분배하라는 게 아니다. 사용자와 가격을 선도할 수 있는 기업들이 임금 상승에 따른 비용 증가를 소비자가격에 전가해서 일본은행의 인플레이션 목표를 달성할 수 있게 하라는 것이다. 일본은행은 전반적인 물가와 임금 상승을 뒷받침할 수 있도록 QE정책과 다른 비전통적인 통화정책을 3년 동안 유지해 선순환이 생기도록 해야 한다."

여기서 임금이 물가를 올리고 물가가 임금을 다시 올리는 순환을 악순환이 아니라 선순환이라고 표현한 데 주목해야 한다.* 디플레이션이라는 비상 상황에서는 정상 상황에선 금기시됐던 임금—물가의 연쇄 상승효과의 손이라도 빌려서 물가를 올려야 한다는 것이다. 이들은 물가가 올라 인플레이션이 발생하면 일본의 국가부채 부담도 덜어질 것이란 설명을 덧붙였다. 포즌은 임금이 10퍼센트 오르면 GDP 대비 국가부채 비중이 16퍼센트 떨어지는 효과를 낼 수 있다는 자신의 분석 결과를 소개하기도 했다.

아베노믹스의 임금 상승 유도 정책은 J노믹스가 채택한 소득 주도 성장론과 유사한 점이 많다. 특히 최저임금 인상, 정규직과 비정

---

* 블랑샤르는 IMF 수석 이코노미스트 시절, 미 연준의 인플레이션 목표를 2퍼센트가 아니라 4퍼센트로 높여 설정해야 한다고 주장했다. 저성장과 금융위기가 빈번한 시기엔, 인플레이션 목표로 2퍼센트를 유지해야 한다는 도그마에서 벗어나야 한다는 이유다.

일본의 임금 상승률 추이

연도	2011	2012	2013	2014	2015	2016	2017
명목임금 상승률	-0.2%	-0.9%	-0.4%	0.4%	0.1%	0.5%	0.4%
실질임금 상승률	0.1%	-0.9%	-0.9%	-2.8%	-0.9%	0.7%	-0.2%

자료: 일본 후생노동성

규직의 임금 격차 해소 등으로 소비성향이 높은 저소득층의 소득을 늘려 소비를 늘릴 수 있다고 생각하는 프레임이 비슷하다. 하지만 일본은 디플레이션 상황에서 벗어나 인플레이션을 일으키기 위해 임금 상승 정책을 펴고 있고, 한국은 디플레이션 상황이 아니며 소득을 늘려 소비·투자를 유도해 성장을 끌어내겠다는 의도가 바탕에 깔려 있다는 점에서 차이가 있다.

그러나 이런 정책의 위험성이 전혀 없는 건 아니다. 우선 정부가 임금 인상을 유도한다고 해도 기업들이 따르지 않으면 강압적인 수단을 동원할 수는 없다. 1970년대 초 미국에서 임금과 가격 통제 정책인 소득정책을 폈지만, 가격을 왜곡시키고 기업의 역동성을 저하하는 등 적지 않은 부작용이 나타났다는 지적을 받은 바 있다. 또 인플레이션을 불러오기 위해 임금 상승을 유도했다가 다시 임금 상승과 물가 상승의 악순환이 일어나고, 정부와 중앙은행이 악순환을 통제하지 못하게 될 리스크도 있다.

3장 그루밍, 빠넣기, 섞이스, 그리고……

리플레파,
크루그먼을 끌어들이다

2014년 11월 6일, 폴 크루그먼 뉴욕시립대 교수(당시 프린스턴대 교수)는 일본 도쿄에서 열리는 한 컨퍼런스에 참석하기 위해 데이코쿠 호텔에 묵고 있었다. 그런데 사전 예고 없이 아베 총리로부터 급하게 만나자는 연락이 왔다. 일본 총리실은 크루그먼에게 리무진을 보내줬다. 크루그먼은 나가타초에 있는 총리 관저에서 20분으로 예정됐던 면담시간을 훌쩍 넘겨 40여 분간 아베와 얘기를 나눴다. 중간에서 다리를 놓은 사람은 일본판 케인스주의자인 리플레파의 핵심 멤버 중 한 명인 혼다 에쓰로 내각관방참여(총리 경제자문 역)*였다. 크루그먼

---

* 혼다 에쓰로는 관료 출신으로 시즈오카현립대 교수를 지내다 아베 내각이 출범한 후 내각관방참여를 맡아 아베 총리의 경제자문 역할을 했다. 이후 스위스 대사로 자리를 옮겼다.

은 《뉴욕 타임스》의 유명 칼럼니스트일뿐 아니라 2008년 노벨경제학상을 받아 학문적으로도 인정받은 세계적인 경제학자다. 또한 크루그먼은 스스로 케인스주의자를 자처하고 있다.

혼다 에쓰로가 아베와 크루그먼 사이에 다리를 놓으려고 한 것은 일본의 소비세 인상 이슈 때문이었다. 일본 내 리플레파의 소비세 인상 반대 목소리만 가지고는 '소비세 인상을 연기해야 한다'는 아베의 결심을 끌어내기가 어려웠기 때문이다. 당시 일본은 2015년 10월로 예정된 소비세 인상*을 두고 논쟁이 한창이었다. 재정 건전성을 끌어올리기 위해서 예정대로 소비세를 올려야 한다는 주장과 아베노믹스로 경기 회복에 나서려는데 소비세를 올리면 찬물을 끼얹게 된다며 반대하는 주장이 맞서고 있었다. 일본은 상대적으로 낮은 조세 부담률 때문에 재정적자를 국채를 발행해 메우고 있었다. 때문에 GDP 대비 정부부채비율은 210퍼센트를 넘어 세계에서 가장 높은 수준이었다. 그러나 2014년 4월 한 차례의 소비세 인상 이후 성장률이 마이너스로 곤두박질치는 등 아베노믹스로 살아나는 듯했던 경기는 앞날이 불투명해졌다.

소비세 인상을 주장하는 '재정 매파fiscal hawks'의 뒤엔 일본 재무부가 있던 것으로 알려져 있다. 이들은 국가부채 문제 해결에 집중해야 한다는 생각을 갖고 있었다. 당시 추진되던 증세안 자체는 아베가

---

* 소비세율을 8퍼센트에서 10퍼센트로 인상하는 방안. 일본 정부는 2014년 4월 소비세를 5퍼센트에서 8퍼센트로 인상한 바 있다.

만든 게 아니라 2010년 재무장관을 지냈던 노다 요시히코野田佳彦 전 총리 때 만들어진 것이다. 재무부의 입김이 강하게 반영된 방안이라고 할 수 있다. 반면 리플레파는 '과다한 국가부채로 위기에 빠지게 된다'는 말은 고루한 주장이고 일본에선 통하지 않는다고 주장했다. 국가부채 위기가 온다는 건 외국인들이 국채를 팔아치워야 생기는 것인데, 일본 국채는 대부분 일본 국내에서 소화되고 있기 때문에 해외발 위기 가능성은 없다는 것이다.

마침 크루그먼은 같은 해 11월 4일자 《뉴욕 타임스》에 실린 '위기에 처한 일본Japan on the Brink'이란 칼럼에서 일본 소비세 인상 이슈를 다뤘다. 크루그먼은 칼럼에서 소비세 인상에 반대한다는 입장을 명확하게 밝혔다. 크루그먼은 "만약 두번째 소비세 인상으로 인해서 또다시 실질GDP가 하락한다면, 이제까지 인플레이션을 일으키기 위해 기울였던 모든 노력은 사라져버릴 것"이라며 "지금은 재정 건전성에 대한 신념을 잃을 위험보다는 디플레이션에서 탈출할 수 있다는 신념을 잃을 위험성이 더 큰 상황이다"라고 주장했다. 크루그먼의 주장은 위기 때는 재정 건전화를 신경쓰기보다는 확장적인 재정정책이 필요하다는 케인스주의의 위기 해법에 입각한 것이었다.

아베는 크루그먼과 만나고 나서 사흘 후 공영방송인 NHK에 출연해 그와의 대화를 소개했다. "크루그먼은 일본이 지금 소비세를 올리는 것에 신중해야 하고, 그렇지 않으면 경제를 허물어버릴 수 있다고 했다. 그는 소비세를 인상하면 우리가 디플레이션에서 탈출하지 못할 수 있다고 했다. 우리가 경제를 회생시키고, 국가재정을 재활할 수 있을지 불투명하다고 했다. 나는 그것이 사실이라고 생각한다." 아베는 11월 18일 소비세 추가 인상을 2017년 4월로 연기하고 조기 총선으로 국민들의 신임을 묻겠다고 발표했다.*

크루그먼은 아베노믹스 시행 초기인 2013년부터 일련의 《뉴욕 타임스》 칼럼을 통해 아베노믹스의 과감한 금융 완화, 적극적 재정정책을 옹호하는 주장을 해왔다. 케인스주의자를 자처하는 만큼 그에 입각한 주장이었다. 크루그먼은 2015년 자신이 이해하는 케인스주의를 네 가지 포인트로 요약해서 소개한 적이 있다.[1]

첫째, 경제는 때때로 충분한 소비가 없어서 생산능력에 훨씬 못 미치는 생산을 하고 고용 가능한 인력보다 훨씬 적은 노동자를 고용한다. 둘째, 통상적으로 경제를 다시 완전고용 상태로 만들 수 있는 힘이 있기는 하지만, 그 힘은 매우 천천히 작용한다. 때문에 불황에 대해 아무런 정책도 취하지 않겠다는 것은 길고도 불필요한 고통의 기간을 인정하겠다는 것이다. 셋째, 돈을 찍어서 고통의 기간을 줄이고 손실을 축소하는 것이 가능하다. 여기서 돈을 찍는다는 것은 중앙은행의 발권력을 이용해서 금리를 낮추는 정책을 말한다. 넷째, 하지만 때때로 통화정책은 그 효력을 잃는데, 특히 금리가 제로에 가까울 때 그렇다. 이 경우에는 일시적으로 적자재정이 유용한 경기 부양

---

* 2017년 4월로 연기했던 소비세 인상은 2016년 조지프 스티글리츠 컬럼비아대 교수 등의 자문을 받아 다시 2019년 10월로 연기했다.

수단이 될 수 있다. 거꾸로 말하면 불황기에 재정 건전성을 추구하는 것은 거대한 경제 손실을 초래한다.

크루그먼은 일본 불황에 대한 연구에 있어서도 세계적으로 선두적인 위치에 있었다. 그는 1998년 「It's Baaack: Japan's Slump and the Return of the Liquidity Trap」*이란 논문에서 일본이 교과서에만 나오던 '유동성 함정' 상태에 있다고 정의했다. 유동성 함정은 명목금리가 제로에 가까워져 시장에 현금이 넘쳐나도 기업의 생산이나 투자, 가계의 소비는 늘지 않고 마치 경제가 함정에 빠진 것처럼 보이는 상태를 말한다. 때문에 이때는 중앙은행이 아무리 통화량을 늘려도 경기 부양 효과가 나타나지 않게 된다. 세계 경제는 제2차세계대전 이후 호황기와 1970년대 스태그플레이션 시기 등을 거치면서 인플레이션에 대한 우려가 상존했다. 하지만 물가가 지속적으로 하락하는 디플레이션이나 금리가 제로에 가깝게 떨어지는 유동성 함정은 교과서 속에만 존재했다. 그런데 그런 상황이 선진국에선 처음으로 일본에서 나타난 것이다. 1998년 일본의 소비자물가는 −0.2퍼센트를 기록해 지속적으로 물가가 떨어지는 디플레이션의 우려가 커졌다. 일본은행이 디플레이션 침체를 타개하기 위해 정책금리를 연 0.25퍼센트 내외로 인하했지만 경기가 살아나는 모습은 보이지 않았다.

크루그먼은 논문에서 '유동성 함정' 상태에 있는 경제에 대한 해

---

* 크루그먼은 논문 제목에서 back을 강조하기 위해 일부러 baaack이라고 썼다.

법으로 우선 전통적인 시각을 소개했다. 금리를 더 낮추는 통화정책은 효과가 없기 때문에 재정 확장이 유일한 해법이라는 것이다. 그리고 크루그먼은 한발 더 나갔다. 통화정책은 결국 기대를 형성하는 방법이다. 그렇기 때문에 만약 중앙은행이 앞으로 물가 수준을 더 높일 수 있다는 '무책임한 약속'으로 물가가 오른다는 기대를 만들어낼 수 있다면, 통화정책이 효과를 발휘할 수 있다는 이론을 전개했다. 중앙은행이 이를 악물고 국민들의 인플레이션 기대심리를 만들라는 비전통적인 해법이었다.

예컨대 크루그먼은 '4퍼센트 인플레이션 목표'를 15년간 유지한다는 약속을 하면 어떻겠느냐고 제안했다. 크루그먼의 분석에 따르면, 인플레이션을 일으키는 방식으로 성장을 1퍼센트 높이면 5퍼센트의 엔화 약세를 불러오게 된다. 최종적으로 4~5퍼센트 성장을 만든다는 건 외국에 대해 20~25퍼센트의 엔화 약세를 용인하라는 요구가 된다. 엔화 약세 정책은 이웃나라 통화 가치에 비해 엔화 가치를 떨어뜨리는 것으로, 일본의 수출 경쟁력은 높이고 이웃나라들의 수출 경쟁력은 약화시킨다. 그러나 크루그먼은 중앙은행이 높은 인플레이션 목표를 내세워 인플레이션 기대를 조정하는 방식은 금리 인하와 같다고 봤다. 때문에 통상적인 금리 인하와 같은 것이지 '이웃나라 거지 만들기' 정책은 아니라는 해석을 했다. 어떻게 보면 과감한 금융 완화라는 아베노믹스의 첫번째 화살 정책은, 크루그먼의 1998년 인플레이션 기대를 만들어 엔화 약세를 유도하라는 제언에서 출발했다고도

볼 수 있다. 더구나 2장에서 살펴봤듯이 크루그먼의 이런 주장은 일본 내 케인스주의자들인 리플레파를 탄생시킨 계기가 되기도 했다.

버냉키가 일본에서 찾은
미국 위기 탈출법

벤 버냉키* 미 연준 의장은 아베노믹스가 막 출범하던 2013년 2월 26일 상원 청문회**에 출석했다. 이날 버냉키에 대한 의원들의 질의는 연준이 시행하고 있는 양적 완화^{QE}의 효과에 대해 집중됐다. 미 연준은 2008년 글로벌 금융위기가 닥치자 제로금리 정책을 시행했다. 그리고 더이상 정책금리를 낮출 수 없자 시장에서 직접 국채와 부동산 모기지 관련 채권을 사들여 장기금리를 낮추는 QE정책을 펼쳤다.

버냉키는 상원 청문회에서 QE정책의 효과를 다음과 같이 옹호했다. "우리는 (양적 완화로) 일부 금융시장에서 나타나는 위험에 대한

---

* 버냉키는 자서전 『행동하는 용기The Courage to Act』에서 "나는 케인스주의자도 아니었고, 반케인스주의자도 아니었다. (중략) 시간이 지나면서 나는 신고전주의 경제학파의 관점을 포함하여 다른 여러 학파의 관점을 서서히 수용하고 있던 신케인스학파(새케인스학파)의 관점이 실용적인 정책 수립에 최선의 프레임워크를 제공할 것이라는 생각을 가지게 되었다"고 했다. 버냉키는 새케인스학파로 분류된다.
** 미국은 1978년 제정된 험프리 호킨스Humphrey—Hawkins법(완전고용과 균형성장법)에 따라, 연준 의장이 1년에 두 차례 의회에 경제 상황과 통화정책 방향에 대한 보고서를 제출하는 한편 의회에 출석해 그 내용을 설명하고 있다. 이렇게 제출하는 보고서를 '험프리 호킨스 보고서'라고 하고, 의회의 발언은 '험프리 호킨스 증언'이라고도 부른다.

잠재비용이 경제 회복세를 강화하는 이득을 넘어선다고 보지 않습니다. 인플레이션은 현재 잠잠하고, 인플레이션 기대도 잘 안착될 것입니다. 노동시장 전망이 현저하게 개선되기 전까지 자산 매입 프로그램을 지속할 겁니다."

의원들의 질의는 자연스럽게 아베노믹스로 넘어갔다. 2012년 말 아베 총리가 집권한 후 아베노믹스 중 첫번째 화살 정책으로 과감한 금융 완화 정책을 내세우면서 QE정책으로 복귀할 것을 예고하고 있었기 때문이다. 이미 일본은 앞서 2001~2006년 QE정책을 시행한 바 있었다.

한 의원이 아베의 정책에 대해서 어떻게 생각하느냐고 물었다. 버냉키는 "일본이 디플레이션을 없애기 위해 노력해야 한다"며 "나는 (일본의) 디플레이션을 없애기 위한 노력을 지지한다"고 답했다. 또 엔저를 유도하는 정책에 대한 견해를 묻는 질문에 대해서 버냉키는 "그들(일본)이 하려는 것은 국내적 목적에 초점이 맞춰진 통화정책을 하려는 것이지, 특별히 환율에 목적을 둔 것은 아닌 것 같다"고 했다.

버냉키가 이처럼 아베노믹스를 옹호한 이유는 우선 자신이 편 QE 정책이 옳은 정책이었다는 것을 뒷받침하기 위해서였다. 당시 신흥국들은 미국의 양적 완화가 미국에만 이득이 되는 정책이라며 비난하는 분위기였다. 대표주자는 기두 만테가Guido Mantega 브라질 재무부 장관이었다. 만테가 장관은 2010년 선진국들이 (돈을 풀어) 자국 통화 가치를 낮추는 '통화정책'을 일으키고 있다고 맹비난했다. 미국 연준은 2008년 12월부터 2010년 3월까지 1조 7,250억 달러 규모의 장기국채, 모기지 증권들을 매입하는 1차 양적 완화를 펼쳤다. 2010년 11월엔 6,000억 달러 규모의 국채를 사들이는 2차 양적 완화를 추진했다. 만테가 장관은 2012년에도 "미국의 양적 완화가 달러 가치 하락을 유도해 미국 수출을 늘리려는 목적을 가진 미국발 보호주의 조치"라며 "글로벌 통화정책을 촉발해 전 세계 경제에 심각한 타격을 줄 수 있다"고 경고하기도 했다. 연준은 2012년 9월 매달 400억 달러 규모의 모기지 채권을 시장에서 매입하는 3차 양적 완화를 시작했다. 버냉키는 QE정책에 대한 신흥국들의 비난에 대해 "미국의 통화 완화 정책은 전 세계적 경제 성장을 지탱하기 때문에 신흥국에도 도움이 된다"는 논리를 국제 사회에 펴고 있었다. 이런 상황에서 버냉키는 미국을 좇아 과감한 금융 완화 정책을 준비하는 일본을 옹호하는 게 불가피했다.

버냉키는 1930년대 세계대공황 연구의 대가로, 이에 파생해서 오래전부터 일본 불황에 대해 연구했다. 버냉키는 '20년 일본 불황'의 초기인 1990년대 후반부터 일본은행이 과감하게 행동할 것을 요구했다. 그랬기에 그의 말대로 과감한 금융 완화 정책을 포함하는 아베노믹스를 옹호하는 건 당연하다고 하겠다. 버냉키는 미 연준 이사 시절인 2000년 전미경제학회 발표를 위해 전해에 준비한 논문에서 '스스로 초래한 마비self—induced paralysis'라는 격한 말을 써가면서 일본은행

이 소극적인 금융정책을 편다고 비난했다.[2]*

버냉키는 논문에서 금리 조정이라는 전통적인 통화정책 수단이 사라져버린 제로금리 상황에선 비전통적인 통화정책을 펴야 한다고 했다. 버냉키가 제시한 비전통적 통화정책의 방법도 다양했다. '첫째, 엔화를 외환시장에 팔아 엔저를 유도한다. 둘째, 재무부의 감세정책을 지원하기 위해 일본은행이 일본 정부의 장기국채를 사들인다. 셋째, 일본은행이 장기국채와 회사채 등을 시장에서 사들여 시중에 돈을 공급한다.' 이중 세번째 아이디어는 이후 양적 완화 정책으로 발전했다.

버냉키는 일본은행이 국민들의 인플레이션 기대심리를 적극적으로 관리해야 한다고도 주장했다. 인플레이션을 높이겠다는 약속을 공개적으로 하라는 것이다. 인플레이션이 충분히 높아질 때까지 완화적인 통화정책을 유지하겠다고 약속할 수도 있다. 이는 이후에 버냉키가 추진했던 '포워드 가이던스forward guidance'라는 정책의 바탕이 된다. 그는 일본은행이 공개적으로 인플레이션 목표를 3~4퍼센트로 내거는 것도 고려할 수 있다고 했다.

버냉키는 2003년 일본 금융경제학회에서 열린 연설에서 비전통적인 통화정책의 하나로 '가격 수준 목표제price level targeting'를 제안하

---

* 다만 버냉키는 2008년 글로벌 금융위기가 터진 후 자신이 의장으로 연준을 이끌면서 중앙은행의 과감한 행동이 쉽지 않다는 것을 깨닫고 나서 1999년 당시 일본은행을 비난한 것을 후회하기도 했다.

기도 했다.[3] 가격 수준 목표제는 매년 미리 정해놓은 인플레이션 목표를 달성하겠다는 인플레이션 목표제와는 다르다. 인플레이션 목표제하에서 1퍼센트를 인플레이션 목표 수준으로 정했고, 첫해에 실제 인플레이션이 0.5퍼센트를 달성했다고 해도 다음해의 인플레이션 목표는 여전히 1퍼센트다. 하지만 가격 수준 목표제하에서는 첫해에 달성하지 못한 0.5퍼센트를 더해 약 1.5퍼센트 수준의 인플레이션이 일어나야 원래 목표로 했던 가격 수준에 도달하게 되는 것이다. 즉, 가격 수준 목표를 달성하기 위해 일시적으로 인플레이션 목표보다 높은 인플레이션이 일어나는 걸 용인하는 것이다.

버냉키는 2008년 글로벌 금융위기가 닥치자 앞서 일본을 대상으로 불황기에 도입하라고 했던 양적 완화, 포워드 가이던스 등 비전통적인 통화정책들을 과감하게 도입했다. 포워드 가이던스는 '사전적 정책 방향 제시'라고 번역할 수 있다. 말로써 앞으로 금리가 어떻게 될 것이라고 가르쳐줘서 인플레이션 기대심리를 관리하는 것이다. 예컨대 "2014년 말까지 예외적으로 낮은 금리를 유지하겠다"라고 연준이 발표하는 것이다. 그때까지 금리 상승 우려가 없으니 물가 상승이 일어날 수 있다고 사전에 알려주는 것이다.

버냉키가 연준 의장으로 재임했던 2012~2013년 다수당인 미 공화당이 재정적자 확대에 반대하면서 연방정부가 일시적으로 문을 닫는 우여곡절을 겪었다. 이에 '재정 절벽' 우려가 생기기도 했다. 민주당 출신인 오바마 대통령은 재정적자를 줄여야 한다는 공화당과의

미국의 양적 완화 정책

	기간	규모	대상
1차	2008년 12월 ~2010년 3월	1조 7,250억 달러	국채, 연방정부 기관 채권, 모기지 증권
2차	2010년 11월 ~2011년 6월	6,000억 달러	국채
3차	2012년 9월 ~2012년 1월	월 400억 달러	모기지 증권
3차 확대	2013년 1월 ~2014년 10월	월 850억 달러 (2014년 1월부터 축소)	국채, 모기지 증권

자료: 미 연방준비제도

갈등 때문에 재정을 쉽게 늘릴 수 없었다.* 그래서 미국 경제는 정부의 재정 확대 정책의 도움을 크게 받을 수 없었다. 대신 연준의 양적 완화와 포워드 가이던스라는 비전통적 통화정책의 도움을 받아 서서히 경기 침체에서 벗어나게 됐다. 어떻게 보면 불황에서 벗어나기 위해선 재정정책보다는 통화정책의 활용성이 크다는 주류 새케인스주의자의 기존 주장을, 버냉키가 미 연준 의장으로 있으면서 실험으로 입증한 셈이 됐다.

---

* 2013년 시퀘스터(예산 자동 삭감) 시행으로, 2013년에만 854억 달러 감축을 시작으로 매년 금액이 점차 증가해 2021년까지 모두 1조 1,000억 달러를 감축하기로 했다. 그러나 재정 삭감 항목이 아닌 의무 지출 항목 등에서 예산이 늘어날 수 있기 때문에, 예산 자동 삭감이 작동해도 예산 증가율을 낮추는 효과를 보는 것이지 실제 예산이 줄어들지는 않는다. 다만 적극적인 재정 확대 정책은 수행하기 어렵게 된다.

불황에 대한
새케인스주의의 해법

　1930년대 세계대공황을 계기로 탄생했던 케인스주의 경제학은 1970~1980년대를 거치면서 새케인스주의로 변모한다. 새케인스주의는 경제 주체가 가능한 모든 정보를 활용해서 의사결정을 한다는 '합리적 기대 가설'*과 경제의 미시적인 부분에서 거시적인 부분까지 일관된 설명 체계가 필요하다는 '미시 기초'를 바탕으로 이론적 체계를 다시 쌓았다.

　새케인스주의자들은 수식과 체계적인 논리로 무장했지만 결론은 원래 케인스주의 경제학과 크게 다르지 않았다. 합리적인 개인을 가정하면서도 경제가 끈적끈적하게 움직인다는 케인스의 생각을 이어받았기 때문이다. 그래서 경제는 불완전하고 시장이 스스로 문제를 교정하지 못한다는 결론을 내렸다. 이 경우 재정정책과 통화정책이 효과를 발휘할 수 있을 뿐 아니라, 경제를 원래 궤도에 올려놓기 위해선 재정정책과 통화정책이 필요하다는 것이다.**

---

*　새케인스주의가 탄생하게 된 계기는, 1978년 로버트 루커스 시카고대 교수와 토머스 사전트 뉴욕대 교수가 케인스주의를 비판하면서 주도했던 합리적 기대 혁명이다. 그들은 "(케인스주의 경제학의) 예측은 틀렸고 바탕이 된 원리는 근본적으로 결함이 있다. 그리고 경제이론의 중요한 세부 요소도 갖고 있지 않다"고 했다.4
**　루커스, 사전트 등 새고전학파는 불황을 막거나 줄일 문제는 아니라고 봤다. 왜냐하면 예기치 못한 급작스런 기술 변화에 시장이 자기조절 능력을 통해 반응하는 자연스럽고 건강한 조정 과정이라고 봤기 때문이다.

새케인스주의자들은 앞서 언급한 폴 크루그먼 뉴욕시립대 교수,* 벤 버냉키 전 연준 의장에 더불어 앨런 블라인더 프린스턴대 교수, 래리 서머스 하버드대 교수, 그레고리 맨큐 하버드대 교수, 올리비에 블랑샤르 전 IMF 수석 이코노미스트, 조지 애컬로프 UC버클리 교수, 조지프 스티글리츠 컬럼비아대 교수 등이 대표적이다.

그런데 새케인스주의자들의 불황에 대한 해법은 2008년 글로벌 금융위기 전후로 차이를 보인다.5** 금융위기 이전까지만 해도 새케인스주의자들은 경제를 안정적으로 운용하기 위해서 통화정책으로 물가를 안정시키고 GDP 갭을 줄이면 된다고 생각했다. GDP 갭은 잠재GDP와 실질GDP의 차이, 즉 케인스식으로 얘기하면 유효수요의 부족분을 가리킨다. 때문에 물가를 안정시킬 수 있는 통화정책이면 충분하다고 봤다. 케인스가 불황 탈출을 위해 가장 중요하게 여겼던 재정정책은 부차적인 역할을 할 뿐이라고 여겼다. 또 금융위기 이후 새케인스주의자들 사이에서 거시 경제정책에 있어 금융 규제가 중요하게 부각됐는데, 위기 전엔 금융 규제는 거시 경제정책의 프레임 밖에 있다고 생각했다.

새케인스주의자들의 통화정책엔 인플레이션이라는 하나의 목표

---

* 최근 들어 폴 크루그먼 등 전통적인 케인스주의에 가까운 새케인스주의 경제학자들을 경제 모형을 중시하는 주류 새케인스주의 경제학자들과 구분해 'New Old Keynesian' 또는 'Neo Paleo Keynesian'이라고 부르기도 한다.
** 그러나 글로벌 금융위기 이후 새케인스주의자들의 관점 변화는 이미 일본 불황에 대한 크루그먼이나 버냉키의 제언에서 단초를 찾을 수 있다.

와 정책금리라는 하나의 수단만 있었다. 인플레이션 목표는 선진국에서 2퍼센트로 여겨졌다. 정책금리는 중앙은행이 공개 시장 운영을 통해 직접 영향을 미칠 수 있는 단기금리를 가리켰다. 금리와 자산 가격은 재정거래를 통해 연결돼 있기 때문에 중앙은행이 단기금리를 조정하면 장기금리에도 영향을 미칠 수 있다고 봤다.

새케인스주의자들이 재정정책에 큰 비중을 두지 않은 이유를 블랑샤르 전 IMF 수석 이코노미스트는 다음과 같이 설명했다.

첫째, 재정정책 효과에 대한 회의주의가 널리 퍼져 있었다. 이는 '리카도 동등성 정리' 이론 때문이다. 정부가 소비를 늘리기 위해 적자재정을 편성하고 이를 국채를 발행해 조달하면, 가계는 앞으로 증세가 있을 것을 예상하고 저축을 늘리기 때문에 오히려 현재 소비를 줄이게 된다는 것이다. 국채 발행은 논리적으로 따지면 지금 당장 세금을 걷는 것과 같은 효과라는 것이다. 결국 소비를 늘리려는 정부의 재정정책은 효과가 없다는 결론에 이르게 된다. 케인스주의자들은 이 같은 리카도 동등성 정리에 의문을 제기하지만 무시할 수는 없었다.

둘째, 만약 통화정책으로 GDP 갭을 안정적으로 관리할 수 있다면 또다른 정책수단은 필요 없게 된다. 금융시장이 발달하면서 통화정책의 효과성이 높아진 것도 재정정책에 의존할 필요가 줄어든 요인이다.

셋째, 선진국들에선 높은 부채 수준을 줄이고 안정화시키는 게 주요한 과제였다. 재정정책을 펴면 국가부채가 늘어나기 마련이어서 이런 과제와 어긋난다. 또 신흥국에선 국내 채권시장이 발달하지 못해 국채를 발행해서 재정정책을 펴기가 쉽지 않았다.

넷째, 재정정책을 입안하고 실행하는 데 시차가 있다. 경기 침체가 길지 않다면 재정정책이 시행될 때는 이미 시기를 놓쳐버렸을 수 있다.

다섯째, 재정정책은 통화정책에 비해 정치적인 제약에 따라 왜곡될 소지가 많다. 국회의 동의 절차 등 정치적인 과정을 거쳐야 하기 때문이다. 반면 통화정책은 중앙은행이 결정하면 되므로 이런 제약이 덜하다.

2008년 글로벌 금융위기가 터지고 위기를 극복하는 과정에서 새케인스주의자들은 케인스가 결국 옳았다는 생각을 굳히게 된다. 금융시장이 무너지는 혼란의 시기가 오자 사람들은 미래에 대한 합리적인 계산을 바탕으로 행동하기보다는 감정적으로 행동했다. 시장이 스스로 자정 기능을 갖고 정상 상태로 돌아가는 걸 기대하기 어려웠다. 그 와중에 통화정책과 재정정책이 모두 효력을 발휘하는 걸 확인했다.

특히 새케인스주의자들은 재정정책의 중요성을 절감하게 됐다. 그 결과, 위기 전에는 부수적으로 생각했던 재정정책을 통화정책과 비슷할 정도로 중요하게 여기게 되었다. 단순히 정책금리를 낮추는 걸로 위기가 해결되지 않았고, 정책금리가 제로금리라는 바닥에 부딪혔기 때문이다. 버냉키 미 연준 의장 등이 양적 완화나 포워드 가이던스라는 비전통적인 통화정책 수단을 꺼냈기는 했지만, 금리가 제로 하한까지 떨어졌을 때는 재정정책이 효과적일 수 있기 때문이다. 더 나아가서 완화적인 통화정책과 재정정책이 결합됐을 때 경기 부양 효과는 더 강력하게 나타날 수 있다는 것이다.

또 경제정책의 목표도 인플레이션이라는 한 가지에 매몰돼서는 안 된다는 교훈을 얻었다. 통화정책과 재정정책의 궁극적인 목표가 경제를 안정적으로 운용하면서 인플레이션을 안정적으로 관리하는 것이라는 데는 위기 이전의 견해와 차이가 없었다. 하지만 정책 담당자들이 인플레이션 목표만 들여다보지 말고 GDP의 구성요소,* 자산 가격의 움직임, 여러 경제 주체들의 레버리지 비율 등 다양한 목표를 한꺼번에 주시해야 한다는 것이다.**

동시에 선진국들이 내세웠던 2퍼센트 인플레이션 목표도 다시 점검해봐야 한다는 말이 나오고 있다. 2퍼센트란 목표가 너무 낮아 2008년 글로벌 금융위기 규모의 불황이 닥쳤을 때 쉽게 제로금리에 도달하게 되고, 통화정책으로 경기 부양에 나설 여지가 축소된다는

---

* 예를 들어 GDP의 구성요소인 투자 중 주택 투자가 너무 과다한지, 소비 수준이 너무 높은지 등의 여부를 점검하라는 것이다. 더 나아가 경상수지 적자가 너무 크지는 않은지도 점검할 필요가 있다고 한다.6

** 학계의 논의는 정책 당국자들의 생각에도 영향을 미친다. 존 윌리엄스 샌프란시스코 연방준비은행 총재는 물가 수준 목표제를 대안으로 제시했고, 에릭 로젠버그 보스턴 연방준비은행 총재는 특정 인플레이션율이 아니라 1.5~3퍼센트의 인플레이션 범위를 목표로 설정하자는 주장을 했다.7

것이다. 이에 블랑샤르는 IMF 수석 이코노미스트 시절 인플레이션 목표를 4퍼센트로 높여야 한다고 주장하기도 했다. 이밖에 물가 수준 목표제나 명목GDP 목표제 등 인플레이션 목표제의 대안을 고려해야 한다는 주장도 나왔다.

그리고 과거엔 경기 조절 정책 도구로 눈여겨보지 않았던 금융 규제도 중요한 경기 조절 수단으로 주목하게 된다. 예컨대 경기 과열로 금융 회사의 레버리지 비율이 과다하게 높아졌다면 자본비율 규제를 강화하는 것이다. 주택 가격을 떨어뜨리기 위해 LTV(담보인정비율, 담보가 되는 집값 대비 대출액 비율)를 낮추거나 주가를 잡기 위해 증거금을 높이는 것 등도 중요한 경기 조절 수단이 될 수 있다. 물론 정책금리를 조정하는 것이 가장 우선이고, 특정 부문이나 자산을 조절하는 수단으로 금융 규제를 사용해야 한다고 한다.

요약하면 2008년 글로벌 금융위기 이후 새케인스주의자들은 불황의 해법으로 통화정책뿐 아니라 재정정책의 효과성을 재확인했고, 경기 대응을 위해 통화정책과 금융 규제의 조합이 필요하다는 생각을 강화하게 됐다.

서머스의 장기 침체론 vs. 버냉키의 과잉 저축론

버냉키는 미 연준 의장에서 물러난 후 2014년 2월 브루킹스 연구소[*]에 상임연구원으로 자리를 잡았다. 그리고 2015년 3월부터는 브루킹스 연구소의 홈페이지를 빌려 개인 블로그 활동을 시작했다. 연준 의장이라는 짐을 벗어던지자, 경제에 대한 개인적인 견해를 블로그를 통해서 자유롭게 올릴 수 있게 됐기 때문이다.

버냉키의 블로그 첫 글은 블로그 활동을 시작한다는 인사말이었다. 두번째 글은 경제 상황과 금리의 관계를 설명하는 '왜 금리가 이토록 낮은가'였다. 그리고 세번째 글로 서머스 하버드대 교수의 '장기 침체론'을 비판하는 내용을 올렸다. 이 세번째 글을 시작으로 버냉키와 서머스의 블로그 '설전'이 시작됐다.

버냉키는 서머스가 주장하는 '장기 침체론'에 대해 "회의적"이라고 했다. 서머스는 이에 앞서 2013년 11월 8일 IMF의 리서치 컨퍼런스에서 미국 경제가 '장기 침체secular stagnation' 상태에 있다는 장기 침체론^{**}을 들고나왔다. 여기서 'secular'라는 단어는 우리가 흔히 알고 있는 '세속적'이란 뜻이 아니라 '10~15년에 달하는 긴 기간'이란 뜻이다. 서머스는 투자와 저축이 균형을 이뤄서 완전고용을 이루는 이자율을 '자연 이자율'이라고 하면서, 자연 이자율이 마이너스인 상태에

---

* 브루킹스 연구소는 진보적인 성향의 싱크탱크로 보수적인 성향의 싱크탱크인 헤리티지 재단과 미국에서 쌍벽을 이룬다. 싱크탱크는 정책 연구와 제언을 하는 역할을 한다.
** 장기 침체론은 1930년대 '미국의 케인스'로 불리던 앨빈 핸슨이 1939년 발표한 「Economic Progress and Declining Population Growth」란 논문에서 대공황이 장기 침체 현상이라며 처음 주장한 것이다. 하지만 제2차세계대전을 거치면서 미국 경제가 회복됐고, 핸슨의 장기 침체론은 상당 기간 잊혀 있었다. 그러던 것을 서머스가 다시 제기한 것이다.

서는 장기 침체에 빠지게 되고 당시 미국이 그런 상태라고 했다. 실제 미 연준이 금리를 제로 수준까지 내려 경기를 부양시키려고 했지만, 여전히 느린 회복을 하고 있었다. 명목금리는 '제로'라는 하한이 있기 때문에 통화정책만으로 마이너스 상태인 자연 이자율에 도달하게 만들 수 없다는 것이다. 미 연준이 양적 완화 등 비전통적인 통화정책을 통해 장기 시장금리를 낮추려고 하지만 자연 이자율이 마이너스인 상태에 도달하기는 어렵다는 게 서머스의 주장이다. 이렇게 통화정책의 유효성이 사라진 상태에선 재정정책이 큰 힘을 발휘할 수 있다. 서머스가 장기 침체에서 벗어나기 위한 무기로 재정을 통한 인프라(기반시설) 투자를 주장한 것은 이런 맥락이다.

버냉키가 블로그 활동을 시작하고 서머스를 첫 논쟁 상대로 삼은 것은 어찌 보면 당연하다. 서머스는 이처럼 버냉키가 경기 침체 탈출을 위해 끌고 온 통화정책의 유효성에 대해 회의적인 시각을 공개적으로 표명했으니 말이다. 연준 의장 때는 공직에 있었던 터라 서머스의 장기 침체론에 대해 차마 대꾸하지 못했다. 더구나 2013년은 버냉키의 후임자 중 한 명으로 재닛 옐런과 더불어 서머스도 거론되던 때였다. 당시 서머스는 "양적 완화는 실질 경제에 미치는 영향이 보통 생각하는 것보다 효과가 적다고 생각한다"며 버냉키의 통화정책을 공개적으로 공박하기도 했다. 버냉키는 후임자로 거론되던 사람의 생각을 공개적으로 논박하기도 어려웠을 것이다. 그러나 연준 의장에서 물러난 2015년엔 자연인으로 할말을 하게 됐다.

버냉키는 서머스가 얘기한 것처럼 자연 이자율이 마이너스인 상태가 오래 지속될 수 있는지에 대해 의문을 제기했다. 자신이 서머스의 삼촌인 폴 새뮤얼슨 MIT 교수의 강의를 들었다는 얘기를 꺼내며 다음과 같은 일화를 전했다.

"새뮤얼슨 교수는 '만약 실질금리가 무한정 마이너스일 거라고 기대한다면 거의 모든 투자가 수익성이 있을 것이다'라고 가르쳤다. 예를 들어 기차나 자동차가 로키 산맥을 넘으면서 쓰는 적은 양의 연료를 아끼기 위해, 로키 산맥을 깎아 길을 내는 것조차 수익을 낼 수 있을 것이다. 때문에 한 경제의 균형 이자율이 긴 기간 동안 마이너스 상태에 있을 수 있다는 것은 의문이다."

즉 미국의 침체는 일시적일 뿐이고, 구조적으로 장기 침체에 빠져 있다는 서머스의 주장은 맞지 않다는 것이다. 버냉키는 자신이 연준 의장 시절부터 미국의 침체는 글로벌 금융위기의 여파로 나빠진 신용 조건, 주택시장의 느린 회복, 제한적인 재정정책 등으로 인해 일시적으로 '역풍'을 맞고 있는 것이라고 진단했다는 사실을 강조했다. 결국 자신이 연준 의장 재임 시절 수행했던 통화정책이 미국을 침체 상태에서 벗어나게 하는 데 효과적인 방법이라는 생각이 깔려 있다. 더구나 버냉키는 미국 경제가 회복되고 있다는 입장을 밝혔다.

서머스는 장기 침체의 해법으로 재정을 통한 인프라 투자를 주장했지만, 버냉키는 그 같은 재정 투여는 오히려 해법이 되기 어렵다고 했다. 이미 역사적으로 봤을 때 국가부채 수준이 매우 높기 때문이라는 것이다. 장기 침체가 계속된다면 얼마나 부채가 늘어날지 가늠하기 어렵게 된다. 또 버냉키는 서머스의 장기 침체론에 국제적인 차원에 대한 인식이 부족하다고 지적했다. 한 나라 안에서는 자연 이자율이 마이너스가 돼 경기 침체가 장기화될 수 있는 여건이 조성됐더라도, 해외에는 투자 기회가 있을 수도 있는데 이를 도외시했다는 것이다.

그렇다면 서머스가 지적했던 장기간 낮은 금리가 지속되는 경제 현상을 버냉키는 어떻게 설명할까? 버냉키는 2005년 '글로벌 과잉 저축론global savings glut hypothesis'을 제시했다. 일부 국가들이 수출로 벌어들인 외환 보유액을 축적하면서 과잉 저축을 하고, 그 결과 쌓인 달러가 미국으로 흘러들어와 장기금리를 낮게 유지한다는 것이다.

사실 두 사람의 블로그 '설전'은 새케인스주의자들의 글로벌 금융 위기 이후 불황에 대한 진단과 해법에 대한 논쟁에 다름 아니었다. 서머스의 '장기 침체론'은 경제의 작동 원리가 과거와 달리 완전히 무너졌고, 정부가 고장난 경제를 고치기 위해선 재정을 써서 인프라 투자를 하고 인플레이션을 일으켜서 저성장·저금리 상태에서 벗어나게 해야 한다는 것이다. 반면 버냉키의 '글로벌 과잉 저축론'은 경제가 완전히 고장난 것은 아니기 때문에 통화정책이면 충분히 정상으로 회복시킬 수 있고, 대신 경상수지 흑자를 늘리면서 달러를 계속 쌓고 있는 일부 국가들의 행태만 멈추게 하면 된다는 것이다.

버냉키는 최근 일본 사례를 들면서 이 두 이론의 결합을 시도한다.[8] 만약 글로벌 과잉 저축이 없으면 장기적 침체 상태에 빠진 선진

글로벌 금융위기 이후 2017년까지 미국 기준금리 추이

시기	인상 (퍼센트포인트)	인하 (퍼센트포인트)	수준 (연 퍼센트)
2007년 9월 18일		0.5	4.75
2007년 10월 31일		0.25	4.5
2007년 11월 11일		0.25	4.25
2008년 1월 22일		0.75	3.5
2008년 1월 30일		0.5	3.0
2008년 3월 18일		0.75	2.25
2008년 4월 30일		0.25	2.0
2008년 10월 8일		0.5	1.5
2008년 10월 29일		0.5	1.0
2008년 12월 16일		0.75~1.0	0~0.25
2015년 12월 17일	0.25		0.25~0.5
2016년 12월 15일	0.25		0.5~0.75
2017년 3월 16일	0.25		0.75~1.0
2017년 6월 15일	0.25		1.0~1.25
2017년 12월 14일	0.25		1.25~1.5

자료: 미 연방준비제도

국은 투자 수익을 올릴 기회가 많은 신흥국 등에 대한 해외 투자를 통해 수익을 올리고, 경기 침체에서도 빠져나올 수 있다는 것이다. 일본의 경우 노동인구가 감소하고 생산성 성장이 정체되면서 장기 침체에 빠질 우려가 커진 상태다. 버냉키는 일본이 국내에 저축을 쌓아놓지 말고, 신흥국 등에 대한 해외 자본 투자를 통해 높은 수익을 올릴 수 있다면 장기 침체에 빠지지 않을 수 있다고 했다. 엔화 자본이 해외로 나가면 엔화 약세(소위 엔저)가 되면서 수출도 늘어나고, 그 결과 국내에서 완전고용도 달성할 수 있다는 것이다. 그러나 이것은 일본의 해외 투자가 신흥국으로 흘러들어간다는 가정에 기반한 것이다. 버냉키는 실제론 무역 흑자를 유지하면서 외환 보유액을 축적하는 '과잉 저축'을 하고 있는 신흥국으로 일본의 해외 투자가 흘러들어가는 통로가 좁혀져 있다고 봤다. 그래서 지금은 일본의 회생이 제한받고 있다고 진단했다.

서머스의 대안,
포용적 성장론

서머스는 버냉키의 비판에 대해 2015년 4월 1일 자신의 블로그에 '장기 침체에 관하여: 버냉키에게 보내는 답장'이라는 글을 올려 "장기 침체론의 핵심은 만성적으로 저축이 투자보다 많은 것"이라면서 "산업화된 국가들의 경제 전망은 몇 년 동안 하향세를 보였다"고 주장하며, 일시적인 침체가 아니라 장기 침체가 계속되는 것으로 보는 게 맞다고 강조했다. 서머스는 "만성적으로 투자에 대비해 바람직한 저축 수준보다 과다한 저축이 있는 문제에 직면할 가능성을 진지하게 받아들여야 한다"며 "이 경우 통화정책은 정상화되기 어렵고, 계속해서 공공과 민간 투자를 확대할 필요가 있으며, 글로벌 수준에서도 적절한 수준의 수요와 분배를 보장하기 위한 조율이 필요하다"고 했다.

동시에 서머스는 블로그에서 장기 침체에 빠진 경제는 확장적 재정정책을 꾀해야 위기에서 탈출할 수 있다는 자신의 주장을 다시금 옹호했다. 특히 저금리가 지속되고 있기 때문에 국가부채가 큰 문제가 안 된다고 봤다. 공공 투자가 얼마간의 수익이라도 낸다면 제로금리에 가까운 금리 수준에서는 그 투자를 위해 빌린 부채의 이자를 충분히 감당할 수 있다는 것이다. 또 케인스주의의 이론에 입각해서 재정 투자를 하면 승수효과*가 있기 때문에 충분히 경제를 살리는 효과를 낼 수 있을 것이라는 얘기다.

서머스의 성장 대안은 재정을 통한 인프라 투자 확대에서 멈춰 있지 않았다. 서머스는 2008년 글로벌 금융위기 이후 새로운 성장 대안으로 떠오르고 있던 '포용적 성장론'을 개발한 주요 멤버 중 한 명이다. 포용적 성장은 글로벌 금융위기 이전의 '낙수효과'**를 강조하는 신자유주의적 성장론을 반성하면서 삶의 질 향상, 사회 불평등 해소, 분배의 형평성 제고 등을 통해 '같이 성장하자'는 개념이다. 포용적 성장은 소득 분배의 형평성을 높이는 게 장기적인 성장을 가져온다고 본다는 점에서 성장론의 하나라고 볼 수 있다.

---

* 승수효과란 경제 요인의 변화가 다른 경제 변수에 미치는 효과는 직접적인 효과뿐 아니라 파생해서 간접적인 효과도 주기 때문에, 최종 변수의 변화량은 처음 준 변화량보다 몇 배의 증가 또는 감소를 나타내게 된다는 것이다.
** 물이 아래로 흘러내리듯이 대기업과 부유층의 소득과 부富가 먼저 늘어나면 경기가 부양돼 결국 중소기업과 저소득층에까지 혜택이 돌아가고, 이는 결국 전체 경기를 자극해 경제 발전과 국민 복지가 향상된다는 이론이다.

서머스는 미국진보센터CAP와 영국 공공정책연구소IPPR가 구성한 '포용적 번영 위원회Commission on Inclusive Prosperity'에 공동의장으로 참여했다. 또다른 공동의장은 영국 노동당 그림자 내각의 재무장관인 에드 볼스였다. 서머스도 미 클린턴 대통령 시절 재무장관을 지낸 바 있다. 위원회에는 이들 외에도 미국, 영국, 스웨덴, 캐나다, 호주 등 5개국의 최고위급 전문가 17명이 참여해 포용적 성장을 수행하기 위한 구체적인 정책 제안들을 만들어냈다.

포용적 번영 위원회는 18개월간의 작업을 거쳐 2015년 1월 '포용적 성장'을 어떻게 추진할 것인가에 대한 최종 보고서를 만들어냈다. 보고서가 미국에 대해 권고한 정책 대안은 ①최저임금 인상 ②노동조합의 성장 지원 ③중저소득층에 대한 임금 보조 지급 ④인프라와 교육에 대한 투자 ⑤자가自家 소유 증대 ⑥누진적인 조세제도 강화 ⑦법인세 누수 방지 ⑧보다 안정적인 금융 시스템 등이다. 정책 대안의 초점은 임금 정체와 불평등 증대를 막아 성장으로 물꼬를 터보자는 것이다. 보고서는 "(미국의) 뉴딜과 유럽의 사회복지 국가가 다수에게 혜택을 주는 20세기 산업혁명을 이끌었듯이, 새로운 사회정치적 기제가 21세기 자본주의를 소수가 아닌 다수를 위해 일하게 만들어야 한다"고 주장했다. 다만 이 보고서는 토마 피케티 파리경제대학 교수가 주장하는 글로벌 부유세, 피터 다이아몬드 MIT 교수, 이매뉴얼 사에즈 UC버클리 교수가 주장하는 고소득자에 대한 70퍼센트 소득세, 아나트 아드마티 스탠퍼드대 교수 등이 주장하는 대형은행의 해체 등 과격한 주장은 담지 않았다. 그런 만큼 미국에서는 중도 좌파 정책의 바이블로 여겨졌다. 2016년 미국 대선에서 힐러리 클린턴 후보는 이 보고서에 기초해서 공약을 마련하기도 했다.

이 보고서의 주요 내용들은 '소득 주도 성장'을 표방하는 문재인 대통령의 J노믹스와도 연결된다. 예컨대 최저임금 인상의 경우 보고서는 미국의 최저임금을 시간당 7.25달러에서 적어도 10.1달러로 올리라고 제언한다. 문 대통령도 최저임금을 1만 원으로 올린다는 공약을 내걸었다. 보고서에서는 대기업과 중소기업 간 이익 공유를 하는 경우 세제 인센티브를 주자는 내용도 나온다. 이는 문 대통령의 공정 경제 공약과 맥이 닿는다. 문 대통령은 2012년 대선에선 중요한 경제 어젠다 중 하나로 '포용적 성장'을 내걸기도 했다.

포용적 성장은 서머스가 주도한 이 보고서뿐 아니라 국제 사회에서도 주목받는 개념이다. OECD를 비롯한 국제 기구들은 2008년 글로벌 금융위기 이후 전 세계적으로 저성장과 소득 불평등이 굳어질 조짐을 보이자, 성장과 분배를 결합한 '포용적 성장'을 새로운 위기 대응책으로 외치고 있다. OECD는 2012년 처음 포용적 성장론을 꺼내 들었다. OECD에 따르면, 2011년 기준 OECD 회원국에서 상위 10퍼센트 부자들의 소득은 하위 10퍼센트 저소득층 소득의 평균 9.5배에 달했다. 이는 30년 전(7배)에 비해 격차가 더 벌어진 것이다. 소득뿐 아니라 고학력층의 수명이 저학력층보다 6년 더 긴 것으로 나타나는 등 교육, 건강 등에도 계층 간 격차가 커지고 있다는 조사 결과가 나왔다. 이에 OECD는 2014년부터 성장을 추구하면서도 빈부격차를 완화하는 다양한 포용적 성장 과제를 개발하고 있다. 저소득층 소득을 늘릴 수 있는 친성장형 구조 개혁을 장려하고, 일자리·건강 문제도 개선할 수 있는 방법을 찾고 있다. 핀테크(금융과 기술의 결합) 등 혁신 기술을 비롯해 교통·식수·전기·교육·보건 등 공공 인프라를 누구나 쉽게 이용할 수 있도록 하는 방안도 제시하고 있다.

국제 기구에선 포용적 성장의 필요성을 뒷받침하는 각종 보고서도 쏟아내고 있다. IMF는 2015년 6월 150여 개국을 분석한 보고서 「소득 불균형의 원인과 결과」에서 "저소득층 소득을 늘려야 성장이 가능하다"고 밝혔다. 분석에 따르면, 소득 하위 20퍼센트의 소득이 1퍼센트포인트 증가하면 경제 성장률이 5년간 0.38퍼센트포인트 올랐다.[9] 반면 소득 상위 20퍼센트의 소득이 1퍼센트포인트 늘면 성장은 5년간 0.08퍼센트포인트 떨어졌다.

포용적 성장은 글로벌 회의 주제로도 자주 등장하고 있다. 2016년 9월 중국 항저우에서 열린 G20(주요 20개국) 정상회의에선 '혁신, 활력, 연계, 포용적 세계 경제 건설'이 주요 주제였다. 2017년 1월 다보스포럼 주제는 '포용적 개발'과 '공정 성장'을 달성하기 위한 '소통과 책임 리더십'으로 정해졌다. 이처럼 포용적 성장이 세계 경제의 화두가 됐지만, 일각에선 "한국이 반드시 따라갈 필요는 없다"는 반론이 나오기도 했다. 포용적 성장은 꾸준히 성장한다는 전제 아래 저소득층에게도 성장의 과실이 돌아가도록 하자는 얘기인데, 정작 성장이 안 됐을 때의 얘기가 없다는 것이다. 글로벌 경쟁이 치열한 시대에 구체적으로 성장을 어떻게 끌어낼지에 관한 담론이 뒷받침돼야 현실성이 있을 것이란 지적도 있다.

새케인스주의와
아베노믹스, J노믹스

케인스주의를 현대화시킨 새케인스주의자들은 케인스주의의 원조인 케인스만큼 재정 확대에 열정적이지 않았다. 대신 중앙은행이 인플레이션 목표를 갖고 안정적으로 통화정책을 유지하면 성장세를 유지할 수 있다는 생각을 갖고 있었다. 또 경기 위축 상황이 왔을 땐 금리를 내리는 완화적 통화정책으로 부족한 수요를 부추겨, 실업을 줄이고 다시 완전고용 상태로 돌아가게 할 수 있다고 믿었다.

다만 2008년 글로벌 금융위기를 겪으면서 중앙은행의 정책금리가 제로라는 하한에 닿는 상황에 봉착했다. 이 경우엔 케인스가 주목했던 재정정책이 경기를 부양시키는 데 효과가 있다고 보고 케인스를 재발견해냈다. 특히 서머스 같은 경우는 1930년대 등장했던 장기 침체론을 다시 꺼내들면서 확대 재정을 통한 인프라 투자로 장기 침체 상황에 빠진 경제를 되살려내야 한다고 주장했다. 또 크루그먼, 버냉키 등 일부 새케인스주의자들은 1990년대 중반 이후 일본이 겪은 장기불황의 해법을 연구하고 훈수를 두면서, 미국이 2008년 글로벌 금융위기 이후 겪었던 불황 국면에서 탈출할 방법을 미리 연구할 수 있었다. 양적 완화나 포워드 가이던스 같은 비전통적인 통화정책을 꺼내, 제로 하한에 부딪친 전통적인 통화정책의 한계를 뚫어나갈 비법을 이미 알고 있었던 것이다. 경제는 매끈하게 움직이며, 불황은 기술 충격에 따라 생기는 일이어서 손댈 이유가 없다고 생각한 주류 경제학자들의 입장에선 장기적인 일본 불황을 연구할 필요가 없었을 것이다.

장기불황에 고통받던 일본은 오히려 미국이 2008년 글로벌 금융위기를 극복하는 과정을 보면서 뒤늦게 새케인스주의자들의 정책 제안을 과감히 끌어안게 된다. 일본은 1990년대 후반부터 사실상 정책금리가 제로금리에서 크게 벗어나지 않는 상황이 지속됐다. 재정도 찔끔찔끔 풀어봤지만 경제가 확 살아나는 모습을 보이지 않았다. 일본 경제엔 전반적으로 '해도 안 된다'는 패배주의가 팽배했고, 정치적 리더십도 부족한 가운데 '구조 개혁'으로 위기를 탈출해야 한다는 목소리가 높았다. 그러자 아베 총리가 2012년 말 일본의 케인스주의자들인 리플레파의 '일본은행을 통한 과감한 금융 완화'란 정책을 내세워 집권하게 된 것이다. 아베 총리는 과감한 금융 완화 외에도 적극적인 재정정책, 민간 투자를 이끌어낼 성장 전략 등 세 가지 어젠다를 '세 개의 화살' 정책이라고 포장하고 불황 탈출 전략을 이끌었다. 아베노믹스를 두고 성공할 것이냐 실패할 것이냐 논란이 많았지만, 엔저를 통해 수출 기업들의 수익성을 개선시키고 주가를 앙등시켜 세계와 일본 국민들이 일본 경제를 다시 주목하게 만드는 데까지는 성공한 것으로 보인다.

한국에선 정책금리가 제로까지 내려가지 않았기 때문에 비전통적인 통화정책이나 과감한 재정 확대 정책에 대한 요구가 그다지 크지 않았다. 박근혜 정부 시절 한국판 양적 완화를 하자는 주장*이 나오기는 했다. 하지만 이는 조선업 구조조정 과정에서 산업은행, 수출입은행 등 국책 은행들의 자본금이 취약해지자 한국은행이 국책 은행들의 자본금을 확충해줘야 한다는 의미에서 등장한 것이어서, 선진국의 비전통적 통화정책과는 맥락이 달랐다. 재정 확대 역시 이명박 정부 때 '슈퍼 추경'** 등이 편성되기도 했지만 지속적인 재정 확대 정책이라고 보기는 어려웠다. 일회적인 이벤트의 성격이 강했다. 예산 지출 증가율은 2009년 10.7퍼센트를 기록했지만, 2010년엔 2.9퍼센트로 낮아졌다. 재정 건전성을 지켜야 한다는 주장도 적지 않았기 때문이다.

한국에서 케인스주의적 재정 확대 정책이 본격적으로 등장한 것은 J노믹스를 앞세우는 문재인 정부가 출범하면서부터라고 할 수 있다. 문재인 정부는 집권 다음해인 2018년 예산 증가율을 7.1퍼센트로 잡았다. 2016~2017년의 2~3퍼센트대에서 2배 이상 높아진 것이다.

---

* 강봉균 새누리당 공동선거대책위원장은 2016년 4·13 총선 공약으로 '한국판 양적 완화'(중앙은행이 채권을 사들여 시중에 자금을 푸는 것)를 내걸었다.
** 이명박 정부는 글로벌 금융위기가 터지자 2009년 28조 9,000억 원 규모의 '슈퍼 추경'을 확정했다. 이명박 정부는 일자리 55만 개를 만들 수 있는 '일자리 추경'이라고 말하기도 했다.

한국의 예산 총지출 증가율

2008년	2009년	2010년	2011년	2012년	2013년	2014년	2015년	2016년	2017년	2018년
8.5%	10.7%	2.9%	5.6%	5.4%	5.6%	4.0%	5.5%	2.9%	3.7%	7.1%

자료: 기획재정부 재정통계

또 집권기간인 2017~2021년 동안 정부 재정지출은 연평균 5.8퍼센트를 늘려 100조 원 가까이 증가시킬 계획도 내놨다. 앞서 박근혜 정부에서 만든 2016~2020년 재정 운용계획에선 연평균 3.5퍼센트 증가를 예고했는데, 증가율이 2.3퍼센트포인트 높아지는 것이다.

새케인스주의자들도 글로벌 금융위기 이후에는 재정 확대 정책의 유효성을 이전보다 더 인정하고 있기 때문에, J노믹스도 새케인스주의자들과 같은 방향의 정책을 추구하고 있다고 볼 수 있다. J노믹스는 재정 확대 정책을 기반으로 하면서 일자리 중심 경제, 소득 주도 성장, 혁신 성장, 공정 경제 등 네 가지 정책 방향을 기조로 삼고 있다. 이중 소득 주도 성장은 최저임금 인상 등을 정책 대안으로 제시하는 서머스의 포용적 성장과도 맥이 닿아 있다.

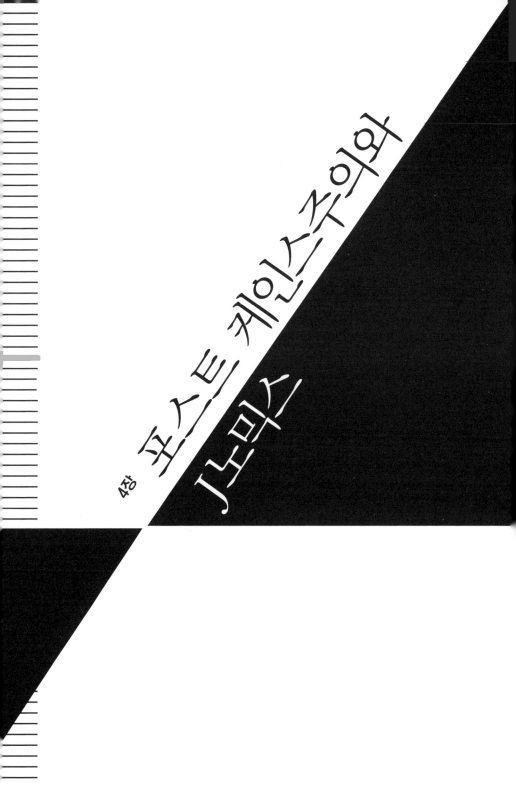

4장 포스트 제임스의와

섹스

포스트 케인스주의자들의
임금 주도 성장

2008년 글로벌 금융위기는 1980년대 후반 이후 서랍 속 이론으로 취급됐던 케인스주의를 현실 경제정책 무대로 복귀시켰다. 케인스주의식 재정 확대 정책이 전 세계적인 위기 대응법으로 각광받은 것이다. 2009년 4월 2일, 영국 런던에서 열린 G20 정상회의에선 참여국들이 2010년 말까지 5조 달러의 재정 확대 정책을 펴기로 확정했다. G20은 G7(선진 7개국)인 미국, 일본, 영국, 프랑스, 독일, 이탈리아, 캐나다 등에 신흥국과 주요국인 한국, 중국, 인도네시아, 인도, 터키, 사우디아라비아, 유럽연합, 러시아, 멕시코, 아르헨티나, 브라질, 남아프리카공화국, 호주 등을 더한 20개국의 모임을 가리킨다. 전 세계 인구의 3분의 2, 전 세계 GDP의 85퍼센트, 전 세계 교역의 80퍼센트를 차지하고 있어 세계 경제를 이끄는 그룹이라고 할 수 있다. 2009년 당시 G20 국가들의 GDP는 약 52조 달러였다. 5조 달러라면 이의 10퍼센트에 해당하는 금액이다. 실제 G20 국가들이 위기에 대응하기 위해 투입하겠다고 발표한 재정 확대 규모는 2009년만 해도 GDP의 1.5퍼센트에 달했다.[1]

경제학계에서도 글로벌 금융위기 이후 케인스주의에 대한 관심이 다시 커졌다. 미국 경제학계의 주류 중 한 축인 새케인스주의자들의 목소리에 귀기울이려는 학자들이 늘어났다. 과거엔 주로 통화정책을 통해 경제 안정을 꾀하고 위기를 막자던 새케인스주의자들은 2008년 말 정책금리가 제로금리에 도달하자 재정정책도 확대해야 한다고 주장했다. 학계에서 권위도 인정받았다. 글로벌 금융위기가 터졌던 2008년 새케인스주의자인 폴 크루그먼 당시 프린스턴대 교수가 노벨경제학상을 받기도 했다.

그 와중에 케인스의 지적 전통을 강하게 이어받았다는 포스트 케인스주의자들의 목소리에 대한 관심도 커졌다. 이전까지 케인스주의의 후예로는 주류 경제학의 한 분파로 분류되는 새케인스주의자들이 대표적으로 알려져 있었다. 미국을 중심으로 발전한 새케인스주의는 1970년대 후반 이후 '합리적인 개인이 이용 가능한 모든 정보를 활용해서 의사결정을 한다'는 주류 새고전학파의 '합리적 기대 가설'을 받아들였다. 그런데 포스트 케인스주의자들은 '합리적 기대 가설'을 받아들이지 않고 케인스 이론의 명맥을 이었다. 게다가 포스트 케인스주의자들은 새케인스주의자들이 현실세계와 동떨어진 '합리적 기대 가설'을 인정한다는 이유로, 현실주의에 바탕을 둔 케인스주의 전통에서 벗어났다고 비판하기도 했다. 특히 포스트 케인스주의는 글로벌 금융위기를 통해, 케인스가 얘기했듯이 사람들이 합리적으로 판단하고 행동하지 않는다는 게 분명하게 드러났다는 것을 강조했다. 그럼에도 불구하고 새케인스주의나 포스트 케인스주의 모두 '수요 부족으로 불황이 도래한다, 정부가 개입해서 수요 부족을 채워줘야 불황에서 벗어날 수 있다'는 케인스의 기본적인 아이디어를 공유하고 있다.

현재 포스트 케인스주의는 케인스가 몸담았던 영국 케임브리지대에서 케인스의 동료이자 제자였던 조앤 로빈슨(1903~1983년), 니컬러스 칼도어(1908~1986년), 리처드 칸(1905~1989년), 피에로 스라파(1898~1983년) 등이 1950년대 전개한 이론에서 뿌리를 찾는다. 포스트 케인스주의는 현재 주류 경제학인 새고전학파나 새케인스주의와 달리 비주류 경제학으로 분류된다. 포스트 케인스주의는 비주류 경제학 중에서도 숫자로 보면 마르크스주의 경제학,* 제도학파 경제학**을 전공하는 학자들보다 적을 정도로 소수다.[2] 그렇지만 포스트 케인

---

* 1840년대에서 1860년대 사이에 발표된 카를 마르크스의 저서를 토대로 발전한 경제학파다. 자본주의는 경제 발달의 막강한 동력이지만 사유재산이 더이상의 발전을 가로막는 장애물이 되면서 저절로 무너질 것이라고 주장한다.[3]

** 개인에게 영향을 주고 개인을 만든다고까지 할 수 있는 제도institution, 즉 사회적 규칙을 분석해야 한다고 주장하는 경제학파다.[4]

스주의자들이 주장하는 '임금 주도 성장' 이론은 글로벌 금융위기 이후 국제연합무역개발회의UNCTAD, 국제노동기구ILO 등에서 정책 대안으로 제기해 주목받는 이론 중 하나가 됐다.

포스트 케인스주의가 다른 경제학파 이론과 구별되는 특징은 무엇일까? 포스트 케인스주의 이론을 정리한 마크 라부아 캐나다 오타와대 교수는 포스트 케인스주의의 본질적인 특징으로 '유효수요'와 '역사적 시간' 개념 등 두 가지를 들었다.

유효수요는 케인스 이론의 핵심 개념이다. 유효수요는 1장에서도 언급했듯이 현대적으로 해석할 때 잠재GDP 수준에서 나타나는 수요에 못 미치는 수준의 총수요라고 보면 된다. 주류 경제학에선 수요와 공급이 일치해야 하지만, 포스트 케인스주의 경제학에선 수요와 공급이 일치하지 않을 수 있고 유효수요의 규모에 따라 경제 규모가 결정된다고 한다. 경제 규모가 공급이나 주어진 초기 부존량에 의해 제약을 받지 않는다는 것이다.

포스트 케인스주의자들은 장기長期에 대해서 크게 다루지 않았던 케인스와 달리 장기에 대해서도 이론을 전개한다. 단기뿐 아니라 장기에서도 유효수요 원리가 적용된다고 보며, 경제가 단기뿐 아니라 장기에서도 수요 결정적이라는 것이다. 공급은 수요에 따라 조정된다고 보기 때문에, 임금으로 생기는 수요가 단기 경기 부양뿐 아니라 장기 성장을 이끌어낸다는 '임금 주도 성장론'이 도출된다.

역사적 시간을 중시한다는 것도 포스트 케인스주의가 주류 경제학과 구별되는 점이다. 주류 경제학 중 새고전학파는 경제가 기술 진보 등의 충격으로 새로운 수요와 공급의 균형을 찾아갈 때 이전 균형에서 새로운 균형으로 즉각적인 이동이 일어난다고 본다. 새케인스주의자들은 경제가 끈적끈적하게 생겼고 마찰이 있다는 가정을 도입하긴 하지만, 궁극적으로 균형 상태에 도달할 것이라고 본다. 하지만 포스트 케인스주의는 하나의 상태에서 다른 상태로 이행할 때 역사적 시간이 걸리는 걸 고려해야 한다고 본다. 끊임없이 흘러가는 역사적 시간 속에서 경제의 불균형 상태가 지속될 수 있다는 것이다.

이런 기본적인 개념에 입각해서 포스트 케인스주의는 거시 경제에 있어 세 가지 주요한 역설을 주장한다.[5]

첫째는 케인스가 얘기한 '절약의 역설'이다. '아껴서 저축하자'는 게 한 개인에게는 도움이 되는 일일지 모르지만, 경제 전체적으로는 저축성향의 증가가 유효수요를 줄이고 경제 규모를 축소시키는 역설적인 상황을 불러온다는 것이다.

둘째는 '비용의 역설'이다. 포스트 케인스주의의 이론 체계 형성에 있어서 주요한 역할을 했던 폴란드 출신 경제학자 미하일 칼레츠키가 1930년대에 제기한 이론이다. 한 기업이 임금을 적게 주는 건 그 기업의 비용 절감에 도움이 될지 모르지만, 경제 전체적으로 역시 유효수요를 줄여 기업들의 이익을 줄게 만들고 고용 감소를 불러온다는 것이다. 이런 '비용의 역설'이 작동하면, 특히 위기 때 임금을 깎는 일은 역사적 시간이 지나면서 경제를 더욱 침체로 밀어넣게 된다. 반대로 높은 실질임금은 총수요를 높이고, 판매도 높이고, 공장 가동률도 높여 결국 투자를 높이게 된다고 한다.

마지막으로 역시 칼레츠키가 제기한 '재정적자의 역설'이다. 칼레츠키는 재정적자의 확대가 기업 이익에 미치는 영향은 순수출의 증가와 같다고 분석했다. 때문에 재정적자가 늘어나면 유효수요를 증가시켜 기업 이익이 늘어나게 된다. 주류 경제학에서 재정적자 확대는 경제 주체들이 추후 세금이 늘어날 것을 바로 예상하기에 영향이 없다고 본다. 또는 재정 확대가 민간 투자를 몰아내는 효과가 있다고 본다. 그런데 포스트 케인스주의자들은 주류 경제학이 보는 것과는 완전히 다른 역설적인 상황이 나타난다고 생각하는 것이다.

세 가지 역설 중 '비용의 역설'은 임금 주도 성장 이론의 바탕이 된다. 임금이 늘어나면 수요 중 민간 소비가 늘어날 것이다. 그러니 단기적으로 경기가 나아질 것이라는 데는 반론을 제기하기 어렵다. 하지만 임금 상승은 기업의 비용 부담이 커지게 만든다. 그래서 장기적으로 임금 상승으로 투자가 늘어나 경제 성장으로 이어질지는 논란의 여지가 있다. 이에 대해 대표적인 포스트 케인스주의자인 마크 라부아와 엥겔베르트 스토크함머는 임금 주도 성장 이론을 제기하면서 장기적으로는 '임금 주도 경제'와 '이윤 주도 경제'라는 두 가지 체제가 있을 수 있다고 설명한다.[6] 임금이 오를 때 기업들이 생산성을 향상하는 자본 투자를 늘리는 경제체제면 임금 주도 경제고, 반대로 임금이 오를 때 생산성을 향상하는 자본 투자의 의욕이 꺾이는 경제체제면 이윤 주도 경제라는 것이다. 한 경제가 어느 체제인지는 실증분석을 통해 알아볼 수 있다고 한다.

이에 세계 주요 15개국과 유로 지역에 대해 실증분석한 외즐렘 오나란 영국 그리니치대 교수와 요르고스 갈라니스 영국 워릭대 교수에 따르면, 한국은 자본소득비율을 증가시킬 때 음(−)의 총수요 효과를 가져오기 때문에(자본이 늘어나면 총수요가 감소한다는 것인데, 거꾸로 얘기하면 임금이 늘어나면 총수요가 늘어난다는 것이기 때문에) 임금 주도 경제체제로 봐야 한다.[7] 많은 국내 연구자들도 한국의 경제체제가 임금 주도 체제라는 연구 결과를 내놓고 있다. 특히 2008년 글로벌 금융위기 이후 임금 주도적인 성격이 강해졌다는 분석 결과를 내놓고 있다. 홍장표 부경대 교수(문재인 정부 초대 경제수석)는 실증분석을 통해 외환위기 이후 우리나라 총수요의 임금 주도성이 강화됐고 자본 몫이 증가했지만, 투자와 순수출을 증가시켰다는 증거는 없다는 연구 결과를 제시했다.[8] 전수민, 주상영 건국대 교수는 노동소득 분배율의 1퍼센트포인트 상승이 위기 이전에는 총수요를 0.08퍼센트포인트 증가시키지만, 위기 이후에는 0.26퍼센트포인트 증가시킨다는 분석 결과를 제시했다.[9] 한국은 원래 임금 주도 경제체제인데, 외환위기 이후 임금 주도 성격이 한층 강화됐다는 것이다.

그러나 김진일 국민대 교수는 한국은 대외 환경 변화에 민감한 소규모 개방 경제이기 때문에, 대외 부문까지 고려하면 자본 몫의 증가가 순수출 증가를 통해 총수요를 증가시키는 이윤 주도형 경제체제라는 연구 결과를 내놨다.[10] 한편 표학길 서울대 경제학부 명예교수는 "일반적으로 수출 가격이 상승하지 않는 상태에서의 실질임금 상승은 수출 기업들의 이윤을 감소시켜 순수출에는 음의 효과를 가져오고, 이런 부정적 효과는 소규모 개방 경제에서 더욱 치명적인 효과가 될 수 있다"며 "임금 주도 성장 전략은 세계 금융위기의 파급에 따른 해외 수요의 경감에 대처하는 일시적이고 단기적인 성장 전략은 될지 모르지만 중장기적인 시각에서 (한국의) 성장 전략이 될 수 없다"고 주장했다.[11] 이런 일부 비판적인 시각에도 불구하고 포스트 케인스주의자들은 우리나라가 임금 주도 성장이 가능한 나라라고 보며, 그에 따른 정책 권고를 하고 있다.

포스트 케인스주의자들의 임금 주도 성장 전략은 친노동적인 분배 정책이다. 임금 비중을 높이고 임금 격차를 줄이는 정책을 우선 권고하고 있다. 최저임금의 도입과 인상, 사회보장 시스템 강화, 노동조합의 협상력을 키우는 노동조합법 개선, 단체협약 범위 확대 등이 그것이다.[12] 재정 확대를 통해 부족한 유효수요를 높이는 것도 임금 주도 성장 전략 중 하나다. 글로벌 금융위기 이후에는 금융 부문의 구조조정도 임금 주도 성장의 세부 전략 중 하나로 제시되고 있다. 위기 때 재정의 허리띠를 졸라매는 균형 재정정책은 거부한다. 위기 이전 금융 부문에 대한 규제 완화가 임금 증가 대신 부채 증가를 불러와 '부채 주도 성장'이 일어나면서, 임금 주도 성장을 추구하는 걸 방해했다는 것이다.

한국의 경제 성장률과 가계소득 증감률

연도	2007	2008	2009	2010	2011	2012	2013	2014	2015	2016
성장률	5.5	2.8	0.7	6.5	3.7	2.3	2.9	3.3	2.8	2.8
가계소득 증감률	2.7	1.2	−1.5	2.8	1.7	3.9	0.8	2.1	0.9	−0.4

단위: 퍼센트, 자료: 국회입법조사처
※ 물가 상승률을 제외한 실질 기준이다.

이런 임금 주도 성장 전략은 문재인 대통령의 J노믹스와 연결된다.[*] J노믹스의 네 바퀴 성장론 중 대표적인 게 '소득 주도 성장'이다. 또 문 대통령이 집권 첫해에 야심적으로 추진한 대표적인 정책 중 하나가 최저임금 대폭 인상이다. 부동산 거품을 잡겠다고 대출을 억제하는 정책을 펴는 것도 '부채 주도 성장'에 대해 의구심을 품는 포스트 케인스주의의 임금 주도 성장론과 맥락이 닿아 있다.

포드의 임금 인상과 '효율 임금 가설'

1914년 1월 5일 '자동차 왕' 헨리 포드는 미국 경제계에 충격을 주

---

[*] 임금 주도 성장 전략은 2014년 7월 최경환 경제부총리가 내놓은 소득 증대 정책들과도 연결된다. 최 부총리는 기업의 소득을 가계로 환류시키는 가계소득 증대세제, 최저임금 인상률을 7퍼센트대로 올리고, 공기업 임금 인상률을 3.8퍼센트 높이는 등의 정책을 내놨다.

는 발표를 한다. "포드 자동차 회사는 지금까지 산업계에 알려져 있는 어떤 근로자 보상보다 더 좋은 보상을 해주는 혁명을 시작하겠다." 구체적으로 하루 노동시간은 9시간에서 8시간으로 줄이고, 약 2.34달러였던 하루 최저임금은 2배로 올려 5달러를 주겠다고 했다.

포드는 1913년 미시간 주 디트로이트 하이랜드 파크에 컨베이어 벨트로 연결된 자동차 조립라인을 완성해 자동차 대량생산 체제를 구축한 터였다. 포드사의 모델T 생산 대수는 1910년 1만 9,000대에서 1913년 24만 8,000대로 급증했다. 포드의 시장 점유율은 50퍼센트에 육박했다.

포드가 임금을 대폭 인상한 이유는 표면적으로는 노동력을 안정적으로 확보하기 위해서였다. 1913년 포드사의 컨베이어 벨트 조립라인에 평균 1만 4,000명의 근로자가 일했는데, 연간 채용한 인원은 5만 명이 넘었다. 그만큼 중간에 일을 그만두는 사람들이 많았다. 그렇지만 하루 임금을 5달러로 올리자 중간에 일을 그만두는 사람이 확 줄었다. 1914년 공장 평균 인력은 1만 2,000명이었지만 채용 인력은 6,500명으로 줄었다. 이직률이 370퍼센트에서 54퍼센트로 떨어진 것이다. 1915년엔 이직률이 16퍼센트로 급감했다.

임금이 높은 회사에서 쫓겨나지 않으려고 노력하다보니 생산성도 늘었다. 그 결과 전체 자동차 제작비용이 떨어졌고 자동차 가격도 더 내릴 수 있었다. 포드사 모델T 가격은 1908년 처음 나왔을 때 850달러였지만, 1913년 대당 600달러로 내려갔고 1915년엔 대당 490달러로 떨어졌다. 1921년에는 395달러까지 떨어졌다. 1900년대 초만 하더라도 자동차는 부자들의 상징이었지만, 모델T는 포드 공장 노동자도 몇 달만 월급을 모으면 살 수 있게 됐다. 모델T는 1920년대 초까지 1,500만 대가 팔려 당시로선 제일 대중적인 자동차가 됐다.

임금 인상은 포드에 있어 손해보는 장사가 아니었다. 포드사의 순익은 1913년 2,700만 달러에서 1915년 4,000만 달러로 급증했다. 5달러로 임금을 올리면서 연간 추가로 들어간 비용이 약 1,000만 달러였는데, 그 이상으로 이익을 본 것이다. 또한 임금 인상은 포드사에만 영향을 준 게 아니었다. 미국이 '대량소비' 사회로 가는 단초를 열었다는 평가를 받는다. 포드사가 임금을 올리자 디트로이트 지역의 다른 자동차 회사들도 계속 저임금을 줄 수는 없었다. 다른 대기업들도 임금을 올리는 게 손해보는 장사가 아니라는 걸 알게 되면서 포드의 뒤를 따랐다. 1920년대가 되면서 대기업들은 연금, 자체 건강보험 등도 확충하게 됐다.

임금 상승으로 소비가 증가하고 경제가 성장하는 포스트 케인스주의의 '임금 주도 성장'의 단초를 포드의 임금 인상에서 찾을 수 있는 것이다. 하지만 1910~1920년대 미국에서 기술 개발이 폭발적으로 일어나고 경제의 전반적인 생산성이 높아지면서 성장이 일어났고, 그 결과로 임금과 복리후생제도가 도입된 것으로 해석할 수도 있다.

한편 새케인스주의자들은 포드의 임금 인상 등 일부 기업들이 시장 평균 임금보다 높은 임금을 주는 현상을 어떻게 해석해야 하는지 관심을 두게 됐다. 신고전학파의 임금 이론은 노동자의 한계 생산성 수준에서 임금이 결정된다. 쉽게 말해서 능력대로 받는다는 것이다. 때문에 분배의 형평성 문제가 발생하지 않는다. 그러나 현실세계에선 시장에서 평가한 능력에 비해 높은 임금을 받는 현상이 발생하는 것을 목도하고 있다.

1980년대 이후 조지 애컬로프, 조지프 스티글리츠 등 새케인스주의자들은 노동시장도 다른 시장과 마찬가지로 경직되게 움직인다고 보고, 기업들이 임금을 높게 주는 현상을 설명하려고 했다. '효율 임금 가설efficiency wage hypothesis'이 그것이다. 효율 임금 가설은 높은 임금을 주는 이유를 크게 세 가지 정도로 설명한다.

우선 포드의 5달러 임금 사례에서 보듯이 높은 임금을 주면 이직률을 낮춘다는 것이다. 이직률이 높으면 기업들은 새로운 노동자들을 교육시키는 비용이 많이 들어가게 된다. 특히 숙련공들이 이직하게 되면 생산라인을 계속 부드럽게 가동하기 어려울 수 있다. 때문에 이런 비용을 낮추기 위해 다소 높은 임금을 지급함으로써 노동자들이 이직하려는 유인을 감소시킨다는 것이다. 노동자들로서도 연봉을 더 받으려는 욕구가 있기 때문에 자신의 임금이 시장 수준보다 많다고 생각하면 쉽게 이직에 나서지 않는다.

둘째, 고임금은 노동자들의 질을 높인다. 시장에서 결정되는 임금보다 더 높은 임금을 주겠다고 하면 능력이 뛰어난 지원자들이 몰려올 것이기 때문에, 기업으로선 경쟁 기업보다 양질의 노동자를 고를 수 있다. 또 임금을 많이 받게 되면 노동자 스스로도 건강을 챙기고, 수면을 충분히 취하면서 스트레스를 줄여 노동의 질이 높아지게 된다. 반면에 기업들이 평균적인 생산성에 근거해 임금을 준다면 평균 이상의 생산성을 내는 노동자는 이직하고, 평균 이하의 생산성을 가진 노동자만 남는 '역선택'의 문제에 직면하게 된다. 결국 기업이 평균 이상의 생산성을 가진 양질의 노동자를 확보하려면 평균 임금보다 높은 수준의 효율 임금을 지급해야 하는 것이다.

셋째로 고임금은 노동자들의 태업을 방지해서 생산성을 높일 수 있다는, 소위 '태업 방지 모형shirking model'이 있다. 노동자들은 현재 고용주와 좋은 관계를 유지하고 싶어하는 경향이 있는데, 노동자로서는 생산성을 높이고 그에 대해 고용주가 높은 임금을 주는 걸 선물을 교환하듯이 주고받는다는 이론적인 설명도 있다. 실제로 포드가 임금을 대폭 올리자 생산성이 50퍼센트 향상됐다는 연구 결과도 있다.

이 같은 새케인스주의의 효율 임금 가설은 기업과 근로자의 관계에 대해서만 주목할 뿐, 높은 임금이 전체 경제에 미치는 영향에 대해서는 관심을 두지 않는다. 그런 점에서 포스트 케인스주의자들의 임금 주도 성장론과는 구별된다고 하겠다. 포스트 케인스주의는 기업 하나하나의 임금 상승이 경제 전체의 총수요 상승을 가져오고, 더 나아가서 장기적으로는 기술 진보와 투자 증가까지 이끌어낸다고 본다.

또 새케인스주의자는 기본적으로는 한계 생산성에 따른 임금을 받는다고 보지만, 현실세계에서 일부 기업들이 높은 임금을 주는 이유를 설명하는 정도에서 그친다. 반면 포스트 케인스주의자들은 임금이 한계 생산성에 따라 결정된다는 이론을 받아들이지 않는다. 임금은 사회적 제도에 따라서 결정된다고 본다. 그렇기 때문에 최저임금 등 제도를 바꿔 임금 분배 비중을 늘릴 수 있다고 보는 것이다.

'소득 주도 성장'은 한국형 '임금 주도 성장'

포스트 케인스주의의 '임금 주도 성장' 이론은 2012년 10월 노동연구원이 주최한 '새로운 사회경제 패러다임, 새로운 사회정책'이란 국제 세미나를 통해 국내에 소개됐다. 당시 ILO 등에서 임금 주도 성장 연구 프로젝트*를 주도하던 마크 라부아 캐나다 오타와대 교수와 엥겔베르트 스토크함머 영국 킹스턴대 교수가 「임금 주도 성장론: 개념, 이론 및 정책」이란 논문을 발표했다. 이후 이상헌 ILO 고용정책국장, 정태인 칼폴라니 사회경제연구소장 등이 국내에 포스트 케인스주의의 '임금 주도 성장' 개념을 소개하기 위해 노력했다. 학계에선 홍장표 부경대 교수, 주상영 건국대 교수 등이 국내에서 임금 주도

* 라부아와 스토크함머는 ILO와 함께 'New Perspectives On Economic Growth: The Potential of Wage—Led Growth'란 연구 프로젝트를 진행하고 있었다. 이들의 연구는 ILO의 각종 연구 보고서와 ILO의 2012년 글로벌 임금 보고서 등을 통해서 발표됐다.

성장의 필요성을 파악하기 위해 노동소득 분배율을 측정하고, 노동소득 분배율의 변화가 거시 경제에 미치는 영향 등을 분석하는 연구 논문들을 발표했다.

그런데 한국에서는 '임금 주도 성장wage—led growth'이라고 부르기보다 '소득 주도 성장income—led growth'이란 용어가 더 많이 사용되고 있다. 이상헌 국장은 2014년 '소득 주도 성장'이란 용어를 사용하는 이유에 대해서 다음과 같이 설명했다.[13] 그에 따르면 '소득 주도 성장'과 '임금 주도 성장'이 의미하는 바는 기본적으로 같다고 한다. 소득 주도 성장의 '소득'과 임금 주도 성장의 '임금'은 모두 노동소득을 의미하기 때문이다. 노동소득은 임금 몫뿐만 아니라 자영업자의 소득까지 포괄하는 광범위한 노동소득이며, 소득 주도 성장은 '노동소득 주도 성장'의 줄임말이라는 설명이다. 그런데 '임금 주도 성장'이라고 하면 임금 노동자에게 지불되는 소득으로 협애하게 이해될 수 있어 '소득 주도 성장'이란 용어를 쓴다는 것이다. 또 소득 주도 성장론이라고 하면 다양한 층위의 소득 분배를 포괄적으로 고려해야 한다고 생각하기 때문에 '소득 주도'란 용어를 쓴다고 한다. 다만 소득이라는 말이 근로소득뿐 아니라 자본소득까지 포함한 광범위한 개념으로 이해될 수 있어 '소득 주도 성장'도 완전히 만족스러운 용어는 아니라고 한다.

홍장표 부경대 교수는 2015년 국내 취업자 중에서 자영업자의 비중이 높은 현실 여건과 소득 분배의 형평성을 높여 경제 성장을 이룩

한다는 본래의 취지를 살린다는 의미에서 '임금 주도 성장' 전략이 '소득 주도 성장' 모델로 소개됐다고 주장했다.[14] 동시에 '임금 주도 성장'과 '소득 주도 성장'을 구분했다. 임금 주도 성장은 사용자가 아닌 피용자(노동자)들의 임금 상승을 통해 노동소득 분배율을 높이는 것이라고 한다. 때문에 중앙집권화된 노사 단체교섭이 제도화된 국가들에 적합한 전략이라는 것이다. 반면 소득 주도 성장은 근로 빈곤층과 영세 자영업자의 소득을 높이는 것을 가리킨다. 때문에 최저임금 인상을 통한 근로 빈곤층의 가계소득을 높이고, 영세 자영업자의 기본 생활소득 보장을 확대하는 전략을 사용할 수 있다. 중앙 교섭이 취약하거나 자영업자 등 비공식 부문 취업자가 많은 국가들에서 채택 가능하다고 한다.

홍 교수는 이렇게 임금 주도 성장과 소득 주도 성장을 구별하면서 한국의 경제 현실에서는 소득 주도 성장 전략이 더 효과적이라고 했다. 한국에서 노동조합의 교섭력을 높여 임금을 올리는 것은 전체 노동소득 분배율을 높이는 데 한계가 있다는 것이다. 노동조합 조직률이 10퍼센트 정도이기 때문에 노동조합을 통한 임금 상승은 일부 노조에 가입한 노동자들의 임금은 올릴 수 있어도, 노조 미가입 노동자의 임금을 올리기엔 한계가 있다는 지적이다. 또 자영업자의 비중이 큰 현실을 고려해야 한다고 했다. 임금소득이 늘어난다고 해서 자영업자들의 소득이 증가하는 것은 아니기 때문이다. 영세 자영업자의 경영 안정과 소득 증진이 뒷받침돼야만 가계의 소비 여력이 높아질 수 있다는 것이다.

한국의 자영업자 비율은 2015년 기준 25.9퍼센트로 미국(6.5퍼센트), 일본(11.1퍼센트), 독일(10.8퍼센트), 영국(14.9퍼센트) 등 주요 선진국과 비교할 때 2배 이상 높은 수준이다.[15] 1997년 외환위기 때 일자리를 잃은 근로자들이 대거 자영업에 진출하면서 그 비중이 높아졌고, 이후로도 자영업 부문이 계속 확대돼왔다. 때문에 자영업자 소득을 제대로 반영하지 않으면 임금소득과 노동소득의 격차가 크게 나타날 수 있다. 또 임금 주도 성장이나 소득 주도 성장이 필요하다는 근거가 되는 노동소득 분배율의 감소* 추세도 잘 보이지 않을 수 있다.

실제 한국에서 근로자 임금소득을 의미하는 피용자 보수만 노동소득으로 따지면, 노동소득 분배율은 외환위기 직후인 1998년 60.2퍼센트에서 2016년 64.0퍼센트로 높아지는 추세를 보인다. 하지만 자영업자 소득까지 감안한 보정 노동소득 분배율을 따지면 하락 추세가 분명하게 보인다. 예컨대 자영업자의 혼합소득을 법인 부문과 같이 노동소득과 자본소득으로 나눌 수 있다고 가정하고 노동소득

---

* 소득 주도 성장론에서는 (하락하고 있는) 노동소득 분배율을 안정적으로 유지하는 게 경제 성장과 경제 안정성에 중요하다. 이를 위해 임금이 노동생산성 증가에 맞춰 증가하는 게 결정적이다. 따라서 임금의 무조건적 상승이 아니라 임금과 노동생산성의 체계적 조응관계가 소득 주도 성장론의 핵심이다. 다만 현재 노동소득 분배율은 지난 20여 년간 현저하게 하락했기 때문에, 임금 인상률을 단기적으로 노동생산성 증가율보다 높이 가져갈 필요가 있고 이것이 큰 경제적 부작용 없이 가능하다고 보는 것이다. 주류 경제학에선 노동소득 분배율이 안정적으로 일정한 수준을 유지한다고 가정한다.[16]

분배율을 따져보면, 보정 노동소득 분배율은 1998년 79.5퍼센트에서 2010년 67.9퍼센트로 크게 낮아진다. 그리고 그 이후 다소 회복해 2016년 72.0퍼센트까지 오른다.[17]* 자영업자 소득까지 감안해서 보정한 노동소득 분배율을 써야 한다는 데 대해선 학계에서 합의돼 있다. 그러나 구체적으로 어떻게 노동소득 분배율을 보정해서 사용할 것인가는 다양한 견해가 있다.** 그렇지만 자영업자 소득을 보정한 노동소득 분배율은 대체로 같은 방향으로 움직인다. 즉, 1997년 외환위기 이후 크게 하락하는 추세를 보이다 2010년 이후론 다소 회복하는 추세를 보이고 있다.

포스트 케인스주의가 세계적으로 논의하고 있는 '임금 주도 성장'은 한국에 들어와 '소득 주도 성장'으로 이름을 바꿨다. 임금 주도 성장과 소득 주도 성장이 내포한 의미는 모두 같다는 주장도 있지만, 용어의 차이는 결국 내포한 의미의 차이도 불러온다. 임금 주도 성장과 소득 주도 성장의 차이는, 해외에선 임금 근로자의 비중이 높고 한국에선 자영업자의 비중이 높다는 것 때문에 생긴다. 소득 주도 성장론자들이 명시적으로 얘기하고 있진 않지만, 해외와 달리 한국은 재벌 대기업과 중소기업이 하청관계로 묶여 있는 경제구조도 임금 주도 성장이라는 용어를 쓰기 어렵게 만든다. 임금 주도 성장이란

---

* 표에선 '노동소득 분배율 3'의 추이다.
** 다양한 보정 노동소득 분배율의 계산방법과 관련해서는 '우리나라의 노동소득 분배율 추이' 표의 설명을 참조하길 바란다.

우리나라의 노동소득 분배율 추이[18]

연도	노동소득 분배율 1	노동소득 분배율 2	노동소득 분배율 3	노동소득 분배율 4
1995	60.2	80.3	75.4	95.3
1996	62.4	83.7	79.3	98.5
1997	60.8	81.9	77.1	96.3
1998	60.2	84.5	79.5	97.6
1999	58.3	81.9	76.3	93.4
2000	57.8	80.2	74.5	91.6
2001	58.9	79.6	74.3	93.1
2002	58.2	77.7	72.3	91.0
2003	59.6	77.7	72.8	91.6
2004	59.1	76.1	71.2	89.5
2005	61.2	78.1	73.6	92.1
2006	61.8	78.7	74.3	92.0
2007	61.2	75.5	71.4	89.8
2008	61.9	75.9	72.0	90.1
2009	61.9	75.6	71.7	88.5
2010	59.4	71.9	67.9	83.5
2011	59.9	71.7	67.9	83.4
2012	60.9	72.5	68.9	84.8
2013	61.7	73.3	69.8	85.0
2014	62.8	74.3	70.9	85.8
2015	63.2	74.4	71.2	85.3
2016	64.0	75.0	72.0	86.0

※ 노동소득 분배율 1=피용자보수/요소비용국민소득
　노동소득 분배율 2=(피용자보수+개인영업잉여)/요소비용국민소득
　노동소득 분배율 3=피용자보수/(요소비용국민소득−개인영업잉여)
　노동소득 분배율 4={피용자보수+(피용자보수/임금근로자수×비임금근로자수)}
　　　　　　　　/요소비용국민소득.

※ 연구자마다 다른 정의를 쓰나 OECD가 국제 비교 통계를 낼 때는 자영업자의 평균 임금소득이 임금 근로자의 평균 임금소득과 같다고 보는 노동소득 분배율 4와 같은 방법을 사용한다. 국내 연구자들은 노동소득 분배율 3의 방법을 주로 사용하고 있다.

용어를 쓴다면 이미 노동조합으로 조직화된 대기업 정규직 근로자들의 임금을 올려주자는 주장만 하는 것으로 받아들여질 우려가 있기 때문이다. 대기업과 중소기업, 정규직과 비정규직 근로자 사이의 임금 격차가 커지고 있는 상황에서 임금 주도 성장이란 용어는 그런 오해를 불러올 수 있다. 그래서 전체 근로소득을 높여야 한다는 주장을 하기 위해서 소득 주도 성장이란 용어를 꺼내든 것으로 해석된다. 결국 소득 주도 성장은 자영업자 비중이 높고 노동시장의 양극화가 확대되는 한국에 맞게 변형된 '한국형 임금 주도 성장 전략'이라고 할 수 있다.

최저임금 인상 효과, 논란과 논쟁

포스트 케인스주의의 임금 주도 성장 전략에서 가장 먼저 등장하는 게 최저임금제다. 최저임금제가 없는 국가의 경우엔 최저임금제를 도입하라는 것이고, 최저임금제가 있는 나라의 경우엔 최저임금을 인상해야 한다는 것이다.

우리나라 소득 주도 성장론자들도 근로 빈곤층의 가계소득을 높이기 위해 최저임금 인상을 중요한 과제로 주장하고 있다. 한국 정부의 경제팀을 이끄는 김동연 경제부총리는 2017년 11월 9일 경제장관 회의에서 "소득 주도 성장을 위해서는 근로소득 개선이 무엇보다 중요하며, 그 출발점이 최저임금 인상"이라고 말하기도 했다.

따라서 소득 주도 성장 등을 골자로 한 J노믹스를 표방하는 한국의 문재인 정부도 최저임금 인상을 최우선 과제 중 하나로 추진하게 된다. 2017년 7월 최저임금위원회는 2018년 최저임금을 16.4퍼센트 올린 시간당 7,530원으로 결정했다. 인상률로는 2001년(16.9퍼센트) 이후 최고였다. 2014년 박근혜 정부 시절 최경환 경제부총리가 소득 증대 정책을 내놓으면서 최저임금 인상률을 7퍼센트대로 높였는데, 이를 한 단계 더 높인 것이다. 세간에는 2020년까지 최저임금을 시간당 1만 원까지 올린다는 공약을 지키기 위해선 매년 최저임금을 16퍼센트 정도씩 올려야 하는데, 그 같은 정치 논리에 따라서 최저임금위원회가 대폭 인상을 결정했다는 말이 돌았다.

이전 인상률 트렌드와 다른 대폭적인 최저임금 인상은 2018년 들어 시장 현장에서 혼선을 빚었다. 시장에서 예측하는 최저임금 인상 경로가 기존의 매년 7퍼센트대 상승에서 매년 16퍼센트대 상승으로 갑자기 바뀌었기 때문이다. 최저임금 인상으로 인건비 부담이 갑자기 늘어나게 된 식당, 중소 상공인, 자영업자 중 일부는 아르바이트 인원을 줄이거나 가격을 올리는 등의 대응을 했다. 최저임금 인상률에 대한 시장 참가자들의 전망이 확 높아지자, 그에 따라 가격이나 필요 인력 수준에 대한 전망도 완전히 바뀌었기 때문이다. 문재인 정부는 최저임금의 급격한 인상으로 인한 충격을 줄이기 위해 일자리 안정자금 2조 9,700억 원을 신설하고, 최저임금 130퍼센트 이하를 받는 근로자 1명당 월 13만 원을 사업주에게 지원하는 등 부작용을 줄이겠다고 했다. 정부는 2007년에도 최저임금을 12.3퍼센트 올렸지만 취업자 숫자가 최저임금 인상 후 6개월 후부터 이전 수준으로 회복했다며, 일시적인 충격일 뿐이라고 시장을 달랬지만 후폭풍은 쉽게 사그라지지 않았다.

한국이 2018년 최저임금을 대폭 인상한 게 거시 경제에 어떤 영향을 미칠지를 두고도 논란이 있었다. 심재철 의원실은 국회예산정책처에 의뢰해 분석한 결과라며 최저임금이 2020년까지 1만 원으로 오르는 경우 경제 성장률은 0.12퍼센트포인트 떨어지고, 고용은 0.1퍼센트 줄어들 것이라고 발표했다. 2018년만 따지면 성장률은 0.02퍼센트포인트 감소하는 것으로 분석됐다고 한다. 하지만 한국은행은 2018년 1월 경제 전망을 하면서 분석한 결과로 2018년 성장률이 오히려 0.05퍼센트포인트 높아질 것으로 내다봤다. 최저임금 인상으로 인해 소비가 늘어난다고 봤기 때문이다. 다만 고용은 1만~2만 명 감소하는 효과가 있을 것으로 분석했다.

최저임금 인상의 효과는 학계에서도 뜨거운 논란거리다. 시장의 자율성을 중시하는 새고전학파에선 정부의 노동시장 개입이라며 반대하는 입장이고, 정부가 적극적인 역할을 해서 불황에서 탈출해야 한다고 생각하는 케인스주의에선 최저임금 인상에 관대한 입장이다. 학계 내에서도 워낙 입장이 다르기 때문에 실증분석 결과를 두고서도 다른 해석을 내놓기 일쑤다.

미국에선 1994년 데이비드 카드 프린스턴대 교수와 앨런 크루거 프린스턴대 교수가 발표한 논문을 두고 가장 큰 논쟁이 붙었다.* 두 사람은 1992년 4월 뉴저지 주가 최저임금을 시간당 4.25달러에서 5.05달러로 인상한 것이 패스트푸드점에 미치는 영향을 분석했다. 그런데 단순히 뉴저지 내의 영향만 따진 게 아니라 뉴저지와 인접한 펜실베이니아와 비교했다. 펜실베이니아는 최저임금을 그대로 뒀기 때문에 비교 연구가 가능했다. 그 결과 두 사람은 첫째, 뉴저지의 최저임금 인상은 뉴저지 패스트푸드 레스토랑의 고용을 감소시켰다는 증거를 찾지 못했다고 했다. 둘째, 뉴저지의 패스트푸드 가격은 펜실베이니아보다 올랐고, 이는 최저임금 상승으로 인한 대부분의 부담이 소비자에게 전가된 것이라는 결론을 내렸다.

신고전학파 경제학의 노동시장 수요와 공급 모델에 따르면, 시장에서 형성되는 임금보다 높게 임금을 통제하면 구직자들은 초과공급을 하고 구인하는 측에선 수요가 줄어 고용이 시장에서 필요한 수준보다 적어진다. 하지만 카드와 크루거는 최저임금을 높인 게 고용에 영향을 주지 않는다는 결과가 나온다고 실증분석을 했다. 때문에 이런 결과가 맞느냐는 것을 두고 논쟁이 일었다. 이후 수많은 관련 논문이 나오면서 최저임금 인상에 대해 기업들은 생산이나 고용을 줄이는 대신 가격을 올리는 식으로 반응한다는 데 대체로 합의가 이뤄

---

* David Card and Alan Krueger, "Minimum Wages and Employment: A Case Study of the Fast-Food Industry in New Jersey and Pennsylvania", 1994.

졌다. 그리고 가격 상승 수준도 그다지 크지 않다는 데 어느 정도 연구 결과가 모아졌다.

데일 벨먼 미시간주립대 교수 등은 1991년 이후 나온 200여 개의 최저임금 관련 논문을 분석해 2014년 발간한 『최저임금이 어떤 영향을 주는가What Does the Minimum Wage Do?』에서 다음과 같은 결론을 내렸다. "최저임금의 완만한 인상은 고용이나 근로시간에 거의 영향을 주지 않거나 전혀 영향을 주지 않고 저임금 부문의 임금을 올리는 데 유용한 도구다. 이는 적은 비용으로 확실한 효과를 낼 수 있는 정책 수단이다. 그러나 현재 연구 결과들은 최저임금이 급격하게 올랐을 때도 같은 결과를 가져오는지에 대해선 답을 주지 못하고 있다."[19]

미국에서 최저임금 인상이 고용에 큰 영향을 주지 않고 저소득층의 소득을 늘리는 데 효과적이라는 연구 결과가 쌓였지만, 한국과 같이 급격하게 인상했을 때 어떤 영향을 주는지에 대해선 답을 주지 못하고 있는 것이다.

또 미국의 연구 결과가 경제 전체적으론 최저임금 인상이 크게 부정적인 영향을 주지 않는다고 나왔지만, 특정 산업이나 지역을 두고는 상당한 영향을 준다는 연구 결과도 다수 있다. 2012년쯤부터 미국에선 시민단체들이 '최저임금 15달러를 위해 싸우자Fight for $15'라는 캠페인을 벌이기 시작했다. 그 결과 각 주나 도시 중 독자적으로 연방정부가 정한 최저임금(7.25달러)보다 높은 15달러로 최저임금을 올리는 곳이 생겨나게 됐다. 워싱턴 주 시애틀이 2017년 15달러로 인상하면서 미국에서 처음으로 '최저임금 15달러'를 달성했다. 시애틀의 최저임금 인상 과정을 두고 여러 연구 결과가 나왔다. UC버클리 연구팀은 음식업종의 임금은 올랐지만 고용에 대한 영향은 없었다는 결과를 내놓았으나, 워싱턴주립대 연구팀은 최저임금 인상에 대응해 근무시간을 줄이는 현상이 나타나 저임금 근로자의 평균 소득이 줄고 일자리도 줄었다는 연구 결과를 발표했다.

한국의 연구 결과에선 미국과 달리 최저임금 인상으로 고용이 감소한다는 결론이 많았다고 한다. 금재호 한국기술교육대 교수가 국내 연구 결과를 서베이해본 결과에 따르면, 11개 논문 중 7개가 최저임금이 국내 고용 감소를 불러왔다는 연구 결과였다.[20] 특히 금재호 교수는 2010년 이후 발표된 거의 모든 연구가 최저임금 인상이 고용을 감소시킨다는 결론을 제시했다고 했다. 그러나 거시 경제 환경, 인구구조, 정부 정책 등 고용에 영향을 주지만 분석 모형에는 포함되지 않은 변수들이 매우 많아 최저임금 인상의 효과를 정확하게 측정하기 어렵다고 했다. 그런 만큼 최저임금 효과를 둘러싼 논쟁은 쉽게 정리되지 않을 것으로 보인다.

만약 최저임금 인상이 저소득 근로자들의 소득을 증가시키지 못하고 고용 감소를 가져온다면, 포스트 케인스주의가 내세우는 임금 주도 성장의 주요 전략에 의구심이 들게 만든다. 때문에 최저임금 인상의 효과를 둘러싼 논쟁은, 소득 주도 성장의 효과를 둘러싼 논쟁에서도 상당히 높은 비중을 차지하게 될 것으로 보인다.

중국과 일본의
임금 주도 성장

한국은 2014년 7월 최경환 경제부총리가 취임하면서 경제정책에 가계소득 증대세제 3대 패키지, 최저임금 인상 등 포스트 케인스주의 자들이 주장하는 '임금 주도 성장' 성격의 정책들을 가미했다. 그리고 2017년 5월 '소득 주도 성장'을 앞세운 J노믹스를 주창한 문재인 대통령이 취임하면서 본격적으로 '임금 주도 성장' 성격의 정책이 추진됐다. 최저임금을 대폭 올리고, 저임금 비정규직을 정규직화해서 임금을 올리는 등의 방법으로 가계소득을 늘려 소비를 촉진하고 경제를 부양하겠다는 것이다. 그런데 중국과 일본은 한국에 앞서 경제정책에 임금 주도 성장 성격의 정책들을 가미했다.

중국 정부는 2011년 말 최저임금 인상과 단체협약 범위 확대를 가계소득 증대와 소득 분배 개혁과 관련된 주요 목표로 제시했다.[21] 국무원의 '취업 촉진계획 전달에 관한 통지'는 ①최저임금은 연평균 13퍼센트 이상 인상해 2015년까지 종업원 평균 임금의 40퍼센트 이상으로 끌어올리고, ②기업의 임금 단체협약률을 80퍼센트까지 올리고 정상적인 임금 인상 시스템을 구축해 임금을 빠르게 인상한다는 내용을 담았다. 포스트 케인스주의의 임금 주도 성장에 있어서 주요한 추진 전략으로 예시된 최저임금 인상과 단체협약 확대가 포함된 것이다. 또 2011년부터 시작된 12차 5개년 계획에는 주민소득을

2020년까지 2010년의 2배로 늘린다는 소득 배증계획이 포함됐다. 임금을 늘려 소득을 늘리겠다는 것을 분명히 한 것이다. 이에 앞서 중국 정부는 2008년 글로벌 금융위기에 대한 해법으로 '성장 유지, 내수 확대, 구조조정保增長, 擴內需, 調結構'을 내세우면서 기존의 수출 의존 성장에서 내수 위주 성장으로 가겠다는 의지를 밝혔고, 11차 5개년 계획기간에는 성장 방식을 투자 주도에서 소비 주도로 바꾸겠다고 했다.

이런 배경하에서 12차 5개년 계획기간인 2011~2015년 동안 중국의 31개 성급 행정단위*에서 최저임금은 연평균 13.1퍼센트의 속도로 오르게 된다. 인상 속도에 있어서는 목표를 달성한 것이다. 또 31개 성급 행정단위 중 2015년 기준으로 최저임금이 전년 노동자 평균 임금의 40퍼센트 이상을 차지하는 지역이 20개였고, 30~40퍼센트인 지역이 11개로 나타났다. 평균 임금의 40퍼센트까지 올리겠다는 목표를 절반 이상 지역에서 달성한 것이다.

중국은 최저임금의 급격한 인상에도 불구하고 12차 5개년 계획기간 동안의 고용 목표를 달성했다고 주장하고 있다. 고용자 숫자는 2011년 7억 6,420만 명에서 2015년 7억 7,451만 명으로 1,031만 명이

---

* 중국의 최저임금은 31개 성급 행정단위에서 102개의 기준이 존재한다. 베이징, 톈진, 상하이, 티베트 등은 1개 기준이고, 충칭, 헤이룽장은 5개 기준을 갖고 있으며, 기타 지역은 3~4개의 기준을 두고 있다.[22] 지역별로 차등 적용하고 있는 것이다. 중국에서 최저임금이 가장 높은 지역은 상하이로 월 기준 2,300위안이다. 가장 낮은 칭하이는 1,500위안에 불과하다.

늘었다. 또 같은 기간 도시 지역의 신규 취업자는 6,431만 명으로 당초 목표치인 4,500만 명보다 많았다. 소득 불평등 정도를 나타내는 지니계수는 2015년 0.462로 2009년 이후 7년 연속 하락세를 기록하고 있다. 지니계수는 0과 1사이의 숫자를 갖는데, 1에 가까울수록 소득 분포가 불평등하다는 것을 뜻한다. 이에 따라 중국은 최저임금 인상이 어느 정도 성과를 거뒀다고 평가하고 있다.

다만 12차 5개년 계획기간 동안 13퍼센트의 속도로 최저임금을 인상하면서 중소 제조업체의 비용 부담이 커졌고, 이에 따라 인상 속도 조절에 나서고 있다. 2016년 최저임금 평균인상률은 10.7퍼센트였고, 2017년엔 10.4퍼센트로 더 하락했다.

중국은 경제정책에 임금 주도 성장 성격을 더했지만 경제 성장률은 계속 낮아지고 있다. 중국의 성장률은 12차 5개년 계획을 시작하던 2011년 9.5퍼센트에서 2015년 6.9퍼센트로 지속적으로 감소했다. 2016년 성장률은 6.7퍼센트로 더 떨어졌지만, 2017년에는 6.9퍼센트로 다소 반등했다. 그렇지만 과거와 같은 9~10퍼센트대 고도성장은 더이상 가능하지 않을 것이란 평가가 많다. 임금 주도 성장 성격의 정책들이 성장을 목표로 하기보다는, 고속성장으로 나타난 빈부격차 문제를 해결하는 것을 목적으로 하는 분배 정책의 성격이 강하기 때문이다. 이는 성장론의 한 방편으로 J노믹스를 들고나온 한국과는 다른 점이다.

일본은 2012년 말부터 과감한 금융 완화, 적극적인 재정정책, 그리고 성장 전략으로 구성된 '아베노믹스'를 추진하면서 성장의 선순환을 이끌어내기 위해 임금 주도 성장 성격의 정책을 가미하고 있다. 아베노믹스로 늘어난 기업 이익을 가계로 흘러가게 해서 성장이 일본 경제에 폭넓게 퍼지도록 하겠다는 것이다.

2장에서 살펴본 것과 같이 아베노믹스의 임금 주도 성장 성격은 세 가지로 구성된다. 첫째 임금을 올리는 기업에 세제 혜택을 주고, 둘째 최저임금을 올린다. 2013년 시간당 749엔이었던 최저임금*은 2017년 848엔까지 올랐고, 이를 2023년까지 1,000엔으로 올린다는 계획이다. 최저임금 인상률은 3퍼센트를 목표로 하고 있다. 16퍼센트대 인상률을 상정하고 있는 한국과 비교하면 완만한 인상률을 제시하고 있다. 셋째로는 정규직과 비정규직의 임금 격차를 줄이고 노동생산성을 높여 가계소득을 불려주는 정책을 펴고 있다. 아베 일본 총리는 2013년부터 기업들에 임금 인상을 요구하는 발언을 하고 있다.

그렇지만 일본의 임금 주도 성장 성격의 정책은 큰 효과를 보고 있지 못하다는 게 일반적인 평가다. 성장률은 나아지는 모습을 보이지만 임금 상승률은 그다지 나아지지 않고 있기 때문이다. 2014~2016년 일본의 성장률은 연평균 0.8퍼센트이지만, 실질임금 상승률은 연평균 −1.0퍼센트로 오히려 뒷걸음질치고 있다. 2017년에도

---

* 일본도 중국과 마찬가지로 최저임금을 지역별로 차등한다. 본문에서 제시된 최저임금은 전국 평균 금액이다. 일본에서 최저임금이 가장 높은 곳은 도쿄 도로 시간당 958엔이다. 반면 오키나와의 경우 737엔에 불과하다.

연도	2010	2011	2012	2013	2014	2015	2016
연간 평균 임금	3만 7,147	4만 2,452	4만 7,593	5만 2,388	5만 7,361	6만 3,241	6만 7,569

단위: 위안, 자료: 중국 국가통계국

일본의 경제 성장률은 1.7퍼센트를 기록했지만, 실질임금 상승률은 −0.2퍼센트를 기록했다.

일본에선 최저임금 인상이 전반적인 임금 인상으로 이어지지 않으면서 내수 회복도 더디다. 구인난이 벌어질 정도로 일자리 사정은 좋지만 임금이 높은 질 좋은 일자리가 크게 늘어나지 않으면서 내수 진작은 좀더 기다려봐야 한다는 평가가 있다. 특히 여성이나 고령층의 고용이 늘어나도 저임금·비정규직 일자리에 집중되면서 전체 임금 상승률을 떨어뜨린다는 지적이다. 일본의 비정규직 비중은 2012년 35.2퍼센트에서 2016년 37.5퍼센트로 확대되는 경향을 보이고 있다. 다만 수출 대기업들이 아베노믹스로 인한 엔저로 수출 경쟁력이 좋아지면서 해외에서 많은 이익을 올리고 있어 성장률 제고에는 도움이 되고 있다.

최근 일본의 사례는 반도체 수출 호황에 성장률은 좋게 나오지만 소비가 살아나지 않고 있는 한국의 상황과 유사하기 때문에, J노믹스가 추구하는 소득 주도 성장 전략에 참고할 만하다. 결국 한국이나 일본이나 수출 기업이 해외에서 벌어들인 돈이 가계소득으로 흘러가지 않으면, 내수를 통한 경기 진작이나 더 나아가 포스트 케인스주의가 얘기하는 임금 주도의 장기 경제 성장은 어려울 수도 있다는 것이다.

포스트 케인스주의와 슘페터주의

포스트 케인스주의 성장론의 가장 큰 특징 중 하나는, 임금 등으로 창출된 총수요가 단기적인 경기 회복뿐 아니라 장기 성장에 있어서도 매우 중요한 역할을 한다고 보는 것이다. 임금 주도 성장론을 다른 말로 하면 수요 주도 성장 모델이라고 할 수 있다.

새고전학파 등 주류 경제학은 자본 축적, 인적자본 축적, 연구개발R&D 등으로 인한 기술 축적 등 공급요인에 의해서 생산성이 높아지면서 성장이 가능하다고 보고 있다. 반면 포스트 케인스주의는 소비성향이 높은 근로자들이 받는 임금을 늘려 소비 등 수요를 높이면 장기적인 성장이 가능하다는 얘기를 하고 있다.

포스트 케인스주의자들은 2008년 글로벌 금융위기가 자신들의 이론을 여지없이 증명해주고 있다고 주장한다. 글로벌 금융위기의 충격으로 갑자기 수요가 줄어드는 충격이 오자 IMF, OECD 등 글로벌 경제 예측기관들은 각국의 잠재성장률 추정치가 낮아졌다고 밝혔다. 이는 총수요가 장기 성장에 영향을 줄 수 있다는 이론의 방증이라는 것이다. 이에 글로벌 금융위기 이후 주류 경제학자들 사이에서도 총수요가 장기적인 경제 성장에 미치는 영향의 중요성을 분석하는 연구들이 나오고 있다고 한다.[23] 총수요의 충격이 장기실업, 신생 기업의 설립 둔화, 기업의 연구개발 투자 정체 등을 통해서 생산성에 충격을 주고 잠재성장률을 낮춰 장기 성장에 악영향을 준다는 분석들이다.

포스트 케인스주의자들은 수요가 장기 성장을 끌어낼 수 있다고 주장하지만, 아직은 구체적으로 어떤 메커니즘으로 총수요가 장기 성장에 영향을 주는지 설명이 부족하다. 포스트 케인스주의자들은 장기적으로 임금 주도 경제체제라는 걸 얘기할 때 임금이 오르면 기업들이 생산성을 향상하는 자본 투자를 늘리는 경제체제면 그렇다고 설명한다. 최저임금을 올리고 노동조합의 교섭력을 높여 임금을 올리는 등의 방법으로 임금을 늘려 노동소득 분배율을 높이면, 기업의 인건비 부담이 늘어날 수밖에 없다. 그래서 장기로 보면 기업들이 노동 투입을 줄이고 대신 생산성을 높일 수 있는 기계 등 자본 투자를 늘려 성장이 일어난다고 설명하는 것이다. 하지만 과연 이런 방식을 임금 주도 성장이라고 부를 수 있을까 하는 의문이 든다. 장기적으론 자본 투자 주도 성장이라고 불러도 될 것 같기 때문이다.

일부 연구자들은 포스트 케인스주의가 실질임금과 노동소득 분배율의 변화가 총수요뿐 아니라 생산성과 기술 혁신에 미치는 효과에 관한 연구를 발전시켜야 한다고 지적한다.[24] 포스트 케인스주의 내에선 총수요 증가가 새로운 생산설비의 신규 투자를 촉진해 생산성을 높이는 등의 효과를 불러온다는 '칼도어 버둔 효과Kaldor—

Verdoon effect'나 실질임금 상승이 노동을 절약하는 '유발적 기술 진보 induced technical change', 또는 새케인스주의자들의 효율 임금 가설에 따라 노동자들의 노력 지출을 증가시켜 노동생산성 상승을 가져올 수 있다는 식의 논의가 있다고 한다.[25]

포스트 케인스주의가 장기 성장 메커니즘에 대해 설명이 부족한 지점에서 기술 혁신의 중요성을 강조한 슘페터주의가 끼어들 여지가 보인다. 한국의 J노믹스도 소득 주도 성장의 '외발 엔진'만 강조하는 게 아니라 '혁신 성장'으로 보완해야 한다고 주장하고 있다.

그런데 여기서 간과해선 안 되는 게 포스트 케인스주의자들이 슘페터의 이론을 받아들이는 지점이다. 포스트 케인스주의를 정리한 마크 라부아에 따르면 포스트 케인스주의자들은 슘페터의 '금융 이론'을 계승했다.[26] 라부아는 "포스트 케인스주의는 슘페터가 옹호한 금융 분석을 진심으로 받아들였다. 그래서 화폐가 중립적이거나 불필요한 장막이라고 보지 않는다. 포스트 케인스주의는 제한적인 통화정책은 경제에 단기나 장기에 모두 부정적인 결과를 나타낸다고 믿는다. 즉, 통화정책이 제한적이면 실업이 늘어나고 아마도 성장률을 낮추게 될 것이라고 보는 것이다"라고 했다.

슘페터라고 하면 기술 혁신을 통한 '창조적 파괴' 이론이 먼저 떠오른다. 상대적으로 슘페터의 금융 이론에 대해서는 덜 알려져 있다. 그러나 포스트 케인스주의자들이 주목하는 건 슘페터의 화폐와 금융 이론이다. 실은 슘페터가 얘기한 '창조적 파괴' 이론의 진정한 백

미는 창조적 파괴 과정에서 은행의 역할을 강조한 금융 이론에 있다고도 할 수 있다. 슘페터에게 있어 기업가는 경제의 정체 상태를 파괴하는 주체다. 그런데 기업가만 있으면 경제가 돌아갈 리 없다. 그래서 슘페터 이론에는 화폐와 금융이 중요하게 등장하는 것이다. 기업가에게 창조적 파괴를 위한 자본을 지원하는 주체는 은행가들이다. 슘페터에게 있어 은행은 그저 주류 경제학에서 얘기하듯 자금을 중개하는 역할을 하는 데서 그치는 게 아니다. 은행이 저축을 받아 그만큼 기업에 투자자금을 전달해주는 통로가 아닌 것이다. 슘페터에게 있어 은행은 스스로 추가로 새로운 화폐를 창출(신용 창출)하고, 그 화폐를 가지고 적극적으로 창조적 파괴에 나선 기업가들을 지원하고 끌어가는 역할을 한다.[27]

J노믹스가 들고나온 혁신 성장이 단순히 소득 주도 성장과 결합한다는 문구만 있고 실제로 따로놀아서는 장기 성장을 끌어내는 효과를 보기 어려울 수 있다. 혁신 성장도 그저 벤처기업을 키운다며 예산만 퍼붓는다고 될 일이 아니다. 슘페터가 얘기한대로 금융과 혁신이 유기적으로 맞물리고, 은행 등 금융 회사가 창의적인 기업가들을 추동하는 역할을 해야 장기 성장을 불러오는 효과를 나타낼 수 있을 것이다.

5장 제인스주의에서

꾸준 개혁으로: 시코노믹스

'의사 케인스의
중국 환자'

'의사 케인스의 중국 환자Dr. Keynes's Chinese patient'. 영국 경제주간
지 『이코노미스트』는 2008년 11월 중국의 경기 부양책을 이렇게 표
현했다. 당시 원자바오 총리가 이끄는 국무원(한국의 행정부에 해당)은
2009~2010년 4조 위안을 투입하는 경기 부양책을 승인했다. 중국
국무원은 "활발한 재정정책과 적절히 완화된 통화정책을 적용해 신
속한 경기 부양을 도모하고, 내수 확대를 통해 견고한 경제 성장률을
유지하기로 했다"고 밝혔다. 불황이 닥쳤을 때 나오는 전형적인 케인
스주의의 경기 부양 논리다. 유효수요 부족을 정부 재정으로 메우고
완화적인 통화정책으로 돈을 풀어 소비, 투자 등 수요를 일으키겠다
는 것이다.

2008년 글로벌 위기가 닥치기 전 중국 경제는 연 10퍼센트 이상의 고도성장을 이어가고 있었다. 중국 정부는 과속성장으로 경기 과열이 우려되자 균형 재정에 가깝게 예산을 운용했다. 물가 안정을 위해 통화정책도 긴축으로 방향을 맞추고 있었다. 하지만 글로벌 금융위기로 분위기가 완전히 바뀌었다. 해외 수요가 급감하면서 2009년 중국 수출이 16퍼센트 줄어들었고, 그 여파로 2009년 1~2분기에 분기 성장률이 6퍼센트대로 떨어지는 충격을 받았다. 2008년 말에 앞으로 올 충격을 감지한 중국 정부 지도부가 '케인스주의식 부양책'을 꺼내든 것이다.

4조 위안은 당시 중국 GDP의 14퍼센트에 해당하는 막대한 자금이다. 미국이 위기에 대응해 풀기로 한 7,800억 달러의 재정자금이 GDP의 5.5퍼센트인 것과 비교하면 중국의 스케일이 얼마나 큰지 짐작할 수 있다. 여기에 더해 금리를 내리고 은행이 대출을 늘리는 것을 장려했다. 중국 중앙은행인 중국인민은행은 2009년 9월부터 연 7.47퍼센트였던 대출 기준금리를 5차례에 걸쳐 연 5.31퍼센트까지 내렸고, 예금금리도 4차례에 걸쳐 연 2.25퍼센트까지 인하했다. 은행 대출을 통한 자금도 마구 풀려나갔다. 2009년 한 해에만 은행 신규 대출이 9조 6,000억 위안 늘었다. 이는 정부 목표(5조 위안)의 2배 가까운 것이었다. 2008년 신규 대출이 4조 9,000억 위안 늘어난 것과 비교해도 2배 가까이 증가폭이 확대됐다. 2010년에도 신규 대출 목표(7조 5,000억 위안)를 초과하는 7조 9,500억 위안의 신규 대출이 나갔다.

한편 4조 위안의 경기 부양책은 전체 자금 중 절반에 가까운 1조 8,000억 위안을 철도, 도로, 공항 등에 투자하기로 하는 등 인프라 투자에 80퍼센트가 배정됐다. 신흥개발국인 중국에선 인프라가 아직 열악하기 때문에 장기 성장동력을 확충하기 위한 수단으로도 경기 부양책이 의미 있었다. 또 이미 인프라가 상당히 구축돼 있는 미국, 일본 등 선진국에선 찾기 어려웠던 인프라 투자의 경기 부양 효과가 당장 나타날 수 있었다. 중국의 성장률은 2008년 9.6퍼센트에서 2009년 9.2퍼센트로 잠시 주춤했다가 2010년 10.6퍼센트, 2011년 9.5퍼센트 등 다시 고도성장의 궤도를 이어갔다. 『이코노미스트』는 2008년 글로벌 금융위기 이후 중국의 대응에 대해 "중국 공산당 지도부인 후진타오(국가주석)와 원자바오(총리)가 케인스주의 처방을 끌어안기로 결심한 것"이라고 평가했다.[1] 존 로스 런민대 충양금융연구원 연구위원은 "중국이라는 '사회주의 시장 경제'의 위기 대응 조치들은 어떤 자본주의 경제에서보다 케인스가 예견했던 조치들에 가까웠다"고 평가했다.[2]

2008년 중국의 케인스주의식 경기 부양은 하늘에서 뚝 떨어진 것이 아니었다. 중국에서 케인스주의 경제학이 비공식적인 루트를 통해 영향력을 확대한 결과였다.

1930년대 세계대공황을 계기로 탄생한 케인스주의 경제학은 중국에까지 전파됐다. 하지만 1940년대 일본과 전쟁을 하고 있는 와중에 중국에서 학문 연구가 제대로 진행될 리 만무했다. 그래서 소수의 학자들 중심으로 케인스주의 경제학에 대한 연구가 진행됐다. 하지만 1949년 중국 공산당이 정권을 장악한 후 케인스주의 경제학은 금기시됐다. 케인스주의 경제학은 자본주의를 옹호하는 학문이고, 반과학적, 반민중적이라는 꼬리표가 붙여졌다. 중국 정부는 대학의 경제학 교육 과정을 마르크스주의 경제학 위주로 바꾸고, 중국 내 주류 경제학도 마르크스주의 경제학으로 대체하려고 했다. 과거 주류 경제학이나 케인스주의 경제학을 연구했던 경제학 교수와 학자들은 러시아에서 온 경제학자들로부터 마르크스 경제학을 재교육받아야 했다. 중국 공산당은 '건전 재정' 원칙에 따라 재정적자를 실패라고 간주했다. 또 계획 경제체제로 바꾸고 일자리를 할당했기 때문에 케인스식 처방이 필요한 불황은 생길 수 없다고 생각했다.

1950년대 후반 '반우파 운동', 1960년대 '문화혁명'을 거치면서 케인스주의를 포함해 서구 경제학에 대해서 토론조차 할 수 없는 분위기였다. 그런 와중에 1957년 케인스의 저작 『일반이론』이 중국어로 공식 번역되기도 했다. 하지만 대중적으로 케인스주의가 알려지진 못했다. 마오쩌둥식 사회주의인 마오주의가 지배하던 중국에서 서구 경제학으로 분류된 케인스주의 경제학이 정부 정책에 반영될 수도 없었다. 1975년 당시 중국의 공식 영어주간지였던 『페킹 리뷰Peking Review』는 "케인스 이론은 작동하지 않는다"고 선언하기도 했다.[3]

하지만 1978년 마오쩌둥의 후계자인 덩샤오핑이 개혁 개방 정책을 추진하면서 분위가 바뀌었다. 대학 등에서 케인스주의를 공식적으로 가르치고 토론할 수 있게 됐다. 개혁 개방 정책으로 사회주의 경제에 시장 경제를 가미하면서 실업도 생겨나게 됐다. 1980년대 초와 1990년대 취했던 재정 확대 정책이 어느 정도 효과를 보이면서, 의도하지 않게 경제를 관리하는 데 효과적인 수단으로 간주되기 시작했다. 즉, 케인스주의식 수요 관리 정책의 필요성을 중국 관료들이 인식하게 된 것이다. 이후 중국 정부가 공식적으로 케인스주의 정책을 인정하지 않았음에도, 케인스주의식 수요 관리 정책은 1980~1990년대 중국의 경제정책에 스며들어가게 된다. 중국 정부 지도자들의 발언에서 케인스주의의 색깔이 묻어나는 말들이 흘러나오기도 했다. 나중에 부총리까지 오르는 쩡페이옌曾培炎 전 국가발전계획위 주임(우리나라 기획재정부 장관 격)은 2002년 기자들에게 "중국은 국내 수요를 부양하기 위한 재정정책을 지속할 것"이라고 말했다. 1998~2003년 국무원 총리를 지낸 주룽지 전 총리는 2003년 "정부는 적자재정과 부채에 의존해서 투자와 소비자 수요를 증진시켜야 한다"고 했다.[4]

이렇게 케인스주의가 중국에서 조용하게 영향력을 확대해가는 과정에서 2008년 4조 위안 경기 부양책이 나온 것이다. 중국에서 대표적으로 케인스주의에 경도된 학자로 분류되는 린이푸林毅夫 베이징대 국가발전연구원 명예원장(전 세계은행 부총재)은 2011년 중국의 경제정책이 케인스주의에서 한 단계 더 높아져야 한다고 주장했다.[5] 린

중국의 경제 성장률

2007년	2008년	2009년	2010년	2011년	2012년	2013년	2014년	2015년	2016년	2017년
14.2	9.6	9.2	10.6	9.5	7.9	7.8	7.3	6.9	6.7	6.9

단위: 퍼센트, 자료: 중국 국가통계국

이푸는 재정 부양은 미래의 생산성 성장을 강화하는 투자를 위해 쓰여야 하고, 한 국가의 경계도 넘어서서 영향을 미치게 해야 한다고 했다. 단순히 무식하게 땅에 구멍을 팠다가 메우는 식의 재정 부양은 '과거 케인스주의'고, 자신이 생각하는 한 단계 더 높아진 케인스주의는 한 나라(중국)의 재정 부양이 미래 생산성을 높이면서 동시에 글로벌 해법이 돼야 한다는 것이다. 이는 국제적인 인프라 투자를 높이자는 시진핑 시대에 나온 경제정책인 '일대일로—帶—路'* 계획이나 아시아인프라투자은행AIIB** 설립 등과 일맥상통하는 제안이다. 중국에서 케인스주의의 확대 가능성을 엿볼 수 있는 대목이다.

---

* 시진핑 중국 국가주석이 2013년 9~10월 중앙아시아와 동남아시아 순방을 하면서 제시한 전략이다. 일대일로는 중앙아시아와 유럽을 잇는 육상 실크로드(일대)와 동남아시아와 유럽, 아프리카를 연결하는 해상 실크로드(일로)를 구축하자는 뜻으로 도로, 철도, 항만 등 방대한 인프라를 건설해야 가능하다. 글로벌 인프라 투자 전략이라 할 수 있다.
** 역시 시진핑이 2013년 10월 아시아 순방 중에 설립을 제안했다. AIIB는 아시아 국가들의 도로, 철도, 항만 등 인프라 건설을 지원하는 국제 금융기구다. 중국 주도로 2016년 베이징에 실제 설립됐다.

케인스주의에 대한
중국의 반성

그렇지만 중국에서 케인스주의가 경제정책의 지도 이념으로 공식적으로 인정을 받은 것은 아니다. 또 2008년 글로벌 금융위기를 계기로 대대적으로 시행했던 4조 위안 경기 부양책 등 케인스식 위기 처방이 상당한 부작용을 낳으면서 반성의 대상이 되기도 했다.

케인스식 경기 부양으로 2009년 9.2퍼센트, 2010년 10.6퍼센트 성장률을 기록하는 등, 중국 경제는 위기 이전의 10퍼센트 고도성장을 그대로 이어가는 듯한 모습을 보였다. 하지만 글로벌 금융위기로 갑자기 줄어든 글로벌 수요는 '세계의 공장' 역할을 하는 중국에 큰 걱정거리로 그대로 남아 있었다. 재정자금 등을 동원한 투자로 그 간극을 메우기는 했지만 언제까지 지속 가능할지에 대해서는 의문이었다.*

앞서 언급했듯이 4조 위안의 경기 부양책의 80퍼센트는 인프라 투자였다. 글로벌 수요가 확 줄어든 가운데 가능한 국내 투자는 건설, 부동산 등으로 흐를 수밖에 없었다. 필자가 당시 취재를 위해 중

---

* 중국은 1998년 아시아 금융위기 때도 재정 확장 정책으로 부족한 해외 수요를 메웠다. 당시는 재정으로 고속도로를 깔았다. 1998년 중국의 고속도로는 4,700킬로미터였지만 2003년 2만 5,100킬로미터로 늘었다. 이 같은 투자는 아시아 외환위기 때도 중국이 8퍼센트 성장을 유지하는 데 도움을 줬다.[6] 하지만 당시 위기는 국지적이었고, 글로벌 경제 내에서 중국 경제의 비중도 크지 않았다.

국 출장을 갔을 때 들었던 일화 중에는 다음과 같은 것도 있었다. 글로벌 금융위기로 판로가 완전히 막혀 있던 한 굴삭기 공장의 얘기다. 모두들 실의에 빠져 있는 가운데, 어느 날 한 촌로가 공장을 찾아와 현금으로 굴삭기를 사겠다고 했다고 한다. 무슨 일인가 싶었는데 다음날 다른 촌로가 찾아왔고, 얼마 지나지 않아 굴삭기를 사겠다는 사람들의 행렬이 이어졌다고 한다. 4조 위안의 마중물뿐 아니라 은행을 통해 9조 6,000억 위안이 풀리는 와중에 지방정부들이 너도나도 길을 닦으라고 돈을 구석구석 뿌린 것이다. 그러다보니 지방의 마을 단위로도 길을 새로 개보수해야 했고, 사람의 힘만으론 할 수 없으니 굴삭기를 사기 위해 공장까지 찾아오게 된 것이라는 해석이었다.

건설, 부동산에 대한 과잉 투자로 주택 등 부동산 공급 과잉 현상이 나타났다. 소위 '유령 도시'(구이청鬼城)라는 부작용까지 드러났다. 예컨대 세계 최대의 유령 도시라는 네이멍구의 오르도스는 100만 명을 수용하기 위해 건설됐지만, 실제로 입주한 건물은 2퍼센트도 안 돼 도시가 을씨년스럽게 텅 비어 있다는 보도가 나왔다. 외신들에 보도된 내용에 따르면 베이징 외곽의 징진 신도시는 유럽형 고급 주거단지에 입주가 되지 않아 잡초만 무성했다. 톈진 빈하이신구濱海新區의 위자푸于家堡는 중국의 맨해튼을 표방하며 건설됐지만, 몇 년 동안 입주 기업이 거의 없어 거대한 빌딩의 무덤 같은 곳이 됐다고도 했다. 중국 인터넷 기업 바이두는 스마트폰을 활용한 빅데이

터로 중국 내 유령 도시 50여 곳을 찾아내기도 했다. 제곱킬로미터당 5,000명 미만의 인구가 사는 도시 지역을 가려낸 것이다.

철강, 시멘트, 평판유리 등 일부 제조업은 과잉 설비가 문제가 됐다. 선진국들의 경기 침체로 글로벌 수요는 살아나지 않는데, 제조업 설비 투자는 확대하니 유령 공장과 같은 곳이 늘어날 수밖에 없었다. 게다가 은행 대출을 끌어 투자를 하다보니 지방정부와 국유기업의 부채가 늘어났다. 은행 대출이 과다하게 늘어나 경제가 취약해지는 위험을 막기 위해 대출 규제를 했더니, 은행을 우회하는 '그림자 금융 shadow banking'이 불어나는 일이 벌어졌다. 하지만 투자 위주로 부양책을 쓴 탓으로 국민들은 생활이 그다지 나아졌다고 느끼지 못했다. 빈부격차도 확대되는 경향이었다. 거기에 물가까지 올랐다. 중국의 소비자물가 상승률은 2010년 3.3퍼센트에서 2011년 5.4퍼센트로 수직 상승했다.

이런 상황이 되자 중국 정부는 경제 성장 방식의 전환을 추진하게 된다. 12차 5개년 계획(2011~2015년)의 기본 방향으로, 수출 중심 경제구조에서 내수 중심 경제구조로 방향을 전환하는 것에 초점을 맞추게 된 것이다. 그리고 앞에서 살펴봤듯이 최저임금 인상, 노동조합의 단체협약 능력 강화 등 임금 주도 성장의 요소를 경제정책에 가미하게 된다. 이를 통해 2020년까지 1인당 소득을 2배로 늘리겠다는 계획이다.

게다가 2012년 말부터 시작된 시진핑 지도부의 집권으로 아예 저성장을 감수하자는 '신창타이新常態'*와 그 안에서 가능한 성장 방법을 찾자는 '공급측 구조 개혁'의 기조가 등장하게 된다. 이에 따라 2012년 성장률이 7.9퍼센트를 기록하고, 이후 3년 연속 7퍼센트대 성장에 머무르는 등 중국은 7퍼센트 성장을 감수하게 된다. 12차 5개년 계획에는 7퍼센트 성장을 지킨다는 소위 '바오치保七' 목표도 포함돼 있다. 이는 수출 중심 경제 기조를 포기하면서 과거 10퍼센트 성장에서 3퍼센트포인트의 성장은 포기하겠다는 선언으로 받아들여졌다.

하지만 케인스주의를 완전히 배제하는 데는 시간이 걸렸다. 12차 5개년 계획에서 임금 주도 성장의 성격을 가미한 것에서 보듯이, 우선은 과잉 투자의 부작용을 해소하겠다는 게 중국 정부가 가졌던 문제의식의 근원이었다. 2013년 초 취임한 리커창 총리는 초기에는 인위적인 경기 부양 자제, 부채 감축, 구조 개혁 추진 등 크게 세 가지 방향을 추진했다.** 하지만 2015년 들어 기조 변화를 보였다. 리커창은 2015년 1월 다보스포럼에서 '두 개의 엔진' 이론을 꺼내들었다. 리커창은 "중국 경제가 중·고속성장을 달성하기 위해서는 시장을 통한 혁신과 기초 인프라와 공공서비스 공급 확대라는 정부의 역할이 함

---

* 시진핑 주석이 2014년 5월 허난성을 시찰하며 중국 경제가 '신창타이'에 적응해야 한다고 강조하면서 중국에서 신조어로 대두됐다. 시진핑의 경제 책사인 류허劉鶴 중앙재경영도소조 판공실 주임이 신창타이 이론을 만들었다고 알려져 있다. 류허는 런민대 공업경제과 출신으로 하버드대 케네디스쿨에서 유학했다.
** 리커창 총리의 경제정책을 뜻하는 리코노믹스Likonomics란 단어는 영국 바클리스 캐피털이 2013년 만든 조어다. 바클리스는 인위적인 경기 부양 자제, 부채 감축(디레버리징), 구조 개혁 추진을 리코노믹스의 세 가지 요소로 정리했다.

께 이뤄져야 한다"며 시장과 정부라는 두 개의 엔진이 모두 필요하다고 말했다.* 구조 개혁을 앞세우던 2013년과는 사뭇 다른 모습이어서 언론의 주목을 받았다. 경제 성장 방식을 전환하면서도 7퍼센트 성장을 사수한다는 중국 정부의 목표와 달리 성장률 하락이 계속되자 이런 말이 나왔다는 얘기가 분분했다. 중국 성장률은 2015년에 처음으로 6퍼센트대에 진입해 6.9퍼센트를 기록했다. 1989년 '톈안먼 사태' 여파로 1990년 3.8퍼센트 성장한 이후 최악의 성적표였다. 이런 전망이 예견되는 상황에서, 어느 정도 인프라 투자를 통한 케인스주의식 경기 부양이 있어야 성장률 하락을 방어할 수 있다고 주장한 것으로 해석할 수 있는 대목이다.

시코노믹스의 등장과
공급측 구조 개혁론

2016년 1월 4일, 중국 관영 《인민일보》는 1면과 2면에 '권위인사權威人士'**와의 인터뷰 기사를 실었다. 2면은 한 면 전체를 할애해 게재

---

* 이 말을 두고 앞서 2013년 리코노믹스와는 다른 리코노믹스 정책이 시작된다는 뜻으로 '리코노믹스 2.0'이란 조어가 중국 언론과 외신에 등장하기도 했다.
** 권위인사란 익명의 인물이 누구인지에 대해선 대체로 시진핑의 경제 책사인 류허 중앙재경영도소조 판공실 주임이라는 설이 다수다. 《인민일보》 1면과 2면을 장식할 정도면 시진핑의 복심이어야 하기 때문이다. 권위인사란 필명은 1940년대 공산당과 국민당의 합작 시절 국민당의 장제스를 비판할 때 마오쩌둥이 쓰기도 했다.

한 장문의 인터뷰였다. 성장이 정체되는 '신창타이' 상태에 머물러 있는 중국 경제에는 '공급측 구조 개혁'이 필요하다는 걸 역설하는 내용이었다.

그런데 인터뷰 중 케인스주의*에 대해 언급하는 내용이 나온다. 권위인사는 당시 글로벌 경제와 중국 경제 상황으로 판단하건대 단기 자극을 통해 중국 경제가 'V자형' 반등을 하는 건 불가능하고, 가능한 것은 'L자형' 단계를 지나가는 것뿐이라고 강조했다. 그러면서 "중장기 경제 문제를 해결하는 데 있어 전통적인 케인스주의의 처방은 제한적이다"며 "근본적인 해결방법은 구조 개혁에 있고, 이것이 중국이 어쩔 수 없지만 채택해야 하는 중요한 조치다"라고 말했다.[7] 케인스주의적 재정정책과 통화정책으로 단기 부양에 나서는 것은 경제의 근본 문제를 해결하는 것이 아니고, 시진핑 정부는 공급 측면의 구조 개혁을 통해서 장기적으로 성장 가능한 경제로 만들겠다는 얘기다.

이 권위인사는 2016년 5월 9일 《인민일보》 1면, 2면 인터뷰를 통해 다시 등장했다. 지면을 통해 전해진 권위인사의 대담함에서 앞으로 권위인사의 경제관이 중국 경제를 이끌어가는 지도 이념이 될 것이라는 평가가 나왔다. 권위인사는 인터뷰 모두에서 당시 6.7퍼센트 성장률을 나타낸 중국의 1분기 성장에 대해 '길조가 보이는 좋은 출발開門紅'이라고 보는 것을 비판했다. 이에 앞서 장가오리張高麗 부총리

---

* 중국어로 케인스주의는 '凱恩斯主义'라고 표기한다.

등 중국 고위 경제관료들은 '開門紅'이란 단어를 써가며 중국 경제가 나아지고 있다고 했고, 리커창 총리도 동의했었다. 그런데 그걸 '아니다'라고 할 정도의 대담한 사람이라는 것이다.

대신 이 권위인사는 앞서 1월에 주장했던 것에 더해 중국 경제가 'V자형'은 물론 'U자형'으로 회복되는 것은 불가능하고, 'L자형' 전개가 예상된다고 했다.* 그리고 L자형 전개는 1~2년에 끝나지 않을 것이고, 앞으로 몇 년간 수요가 미진하고 생산능력이 과잉인 상태가 지속될 거라는 진단을 했다. 이에 따라 완화된 통화정책 등을 통해 대량의 자금 공급을 하는 게 아니라, 산업과 금융 등 분야에서 공급 측면의 개혁을 추진해야 한다고 했다. 경제구조를 바꾸고 이 국면을 벗어날 준비를 해야 한다는 게 권위인사의 주장이었다. 단기적이고 인위적인 경기 부양책이 아니라 산업구조 전체를 개선하는 '공급측 구조 개혁'이 필요하다는 걸 강조했다. 여기엔 과잉 생산 해소, 과도한 부채 해소, 재고 해소 등이 포함된다고 했다. 이런 정책은 이미 중국 공산당 핵심에서 결정하고 추진하고 있지만, 아직 정책이 충분히 이해되지 않는 것 같다고 일침도 놨다.[8]

다음날 《인민일보》에는 2016년 1월 18일 시진핑이 중앙당교에서 장차관급 당정 간부를 대상으로 행한 중국 경제에 대한 연설문이 게재됐다.[9] 시진핑은 과도한 생산설비의 축소, 국유기업과 지방정부의

---

* 결국 중국의 2016년 성장률은 권위인사의 전망대로 2015년의 6.9퍼센트보다 떨어진 6.7퍼센트를 기록했다.

채무 상환, 정부가 주도하는 공급측 구조 개혁 등을 주장했다. 내용 면에선 전날 게재된 권위인사 인터뷰와 같은 것으로, 시진핑 연설문은 권위인사 인터뷰에 힘을 실어주고 있었다. 사실상 권위인사의 논리가 공개석상에선 시진핑의 입을 통해서 나온다는 말이다.

이런 분위기에서 2017년 10월 시진핑 2기*가 출범하며 시진핑이 주도하는 '신창타이' 이론과 '공급측 구조 개혁론'이 완전히 전면에 등장하게 된다. 과거 중국 경제의 조타수는 국무원 총리였다. 장쩌민 국가주석 때는 주룽지 총리, 후진타오 국가주석 시절에는 원자바오 총리가 경제정책을 주도했다. 시진핑 주석이 2013년 취임하자 역시 리커창 총리가 경제정책을 주도할 것이란 예상이 많았다. 하지만 예상외로 시진핑이 '반부패 정책'을 이끌면서 경제정책마저 주무르는 모습을 보였다. 한때 언론에 회자되던 '리코노믹스'나 '리코노믹스 2.0' 모두 리커창의 경제정책 장악력을 전제로 생겨난 신조어들이었다. 그러나 경제정책에 있어서 리커창의 영향력은 점차 약해졌고, 시진핑의 입김이 갈수록 강해졌다. 그 뒤엔 시진핑의 경제 책사인 류허 등이 있다고 알려졌다.

더구나 시진핑 2기가 출범하면서 시진핑이 정치적인 집권 기반을 완전히 공고하게 다졌고, 경제정책도 아예 시진핑이 장악하면서 '시코노믹스Xiconomics'(시진핑의 경제정책) 시대가 왔다는 평가를 받는다.

---

* 중국 공산당은 10년 단위로 지도부가 교체되는데, 상반기 5년을 1기, 후반기 5년을 2기로 구분하기도 한다.

류허는 2018년 3월 경제 담당 부총리로 선임돼 공개적으로 경제정책을 좌우할 수 있는 중책을 맡게 됐다. 일본 《닛케이신문》이 발행하는 영자지 《닛케이 아시안 리뷰》는 2017년 시코노믹스의 등장에 대해 "중국은 1997년 아시아 외환위기 이후 20년간 주룽지, 원자바오로 이어지는 수요를 부양하는 전형적인 케인스주의를 따르다 부채가 크게 늘어났다"며 "중국 지도부가 부채를 끌어다 투자를 하는 수요 부양 정책으로 더이상 성장할 수 없다고 판단하는 듯하다"고 평가했다.[10] 국제결제은행BIS에 따르면, 중국의 정부, 기업, 민간의 총부채를 GDP와 대비하면 2017년 210퍼센트에 달해 글로벌 금융위기 때인 2008년 114퍼센트의 2배 가까이 불어났다.

시진핑의 '신창타이'는 미국의 래리 서머스가 주장하는 '장기적 침체론'과 문제의식의 출발점이 같다는 데서 닮았다. 침체 상태에 빠진 경제가 구조적인 문제로 인해 쉽게 과거 성장 추세로 돌아가기는 어렵다는 것이다. 하지만 해법에 있어서는 다르다. 서머스는 새케인스주의에 바탕을 두고 재정자금을 동원한 인프라 투자를 통해 저성장에서 벗어날 수 있다고 했다. 그리고 선진국들의 경우 이미 더이상 낮출 수 없을 만큼 금리가 낮은 상태에 있기 때문에 통화정책은 별 효과를 보지 못할 수 있다고 했다.

하지만 시진핑의 신창타이론은 케인스주의식 재정 부양책이 중국 부동산, 금융 등에서 거품을 일으키고 부채만 늘리는 부작용을 일으킨 데 대한 반성에서 나왔다. 때문에 인위적인 경기 부양은 거부한다. 다만 소비를 통한 성장을 중요하게 생각한다는 데서 케인스주의를 완전히 부정하는 것은 아니다. 신창타이는 과거와 같은 제조업, 투자 중심의 성장에서 서비스업, 소비 중심으로 경제구조를 전환하는 데 초점을 맞춘다. 실제 중국의 GDP 중 서비스업 등 3차 산업이 차지하는 비중은 2013년 46.7퍼센트를 기록해, 사상 처음으로 제조업 등 2차 산업이 차지하는 비중(44.0퍼센트)을 넘어섰다. 2017년에는 격차가 더 커져서 3차 산업 비중은 51.6퍼센트, 2차 산업 비중은 40.5퍼센트를 기록했다.

한편 시진핑의 공급측 구조 개혁론은 수요가 아니라 공급 측면의 구조조정을 통해 경제를 성장시키겠다는 문제의식을 1970~1980년대 레이거노믹스, 대처주의와 공유하고 있다. 레이거노믹스*의 주메뉴인 감세, 규제 완화, 균형 재정, 물가 안정을 시코노믹스도 내세우고 있다. 석탄 등 과잉 공급 분야에서 좀비 기업을 문닫게 하겠다는건 광산 파업에 단호하게 맞섰던 대처주의를 연상시킨다. 하지만 레이거노믹스, 대처주의의 공급주의 경제학과는 달리 시코노믹스는 민영화를 주요 대안으로 고려하지 않는다. 대신 구조조정에 있어서 정부의 주도적인 역할을 강조한다. 경쟁력이 떨어진 국유기업은 국유기업

---

* 미국 공화당은 감세, 규제 완화, 균형 재정 등을 단골 경제정책 메뉴로 내놓고 있고, 민주당은 부자 증세, 금융 규제 강화, 재정 확대 등을 주로 주장한다. 미국 공화당 출신인 트럼프 대통령은 대선 공약으로 감세, 규제 완화에 더해 민주당식의 1조 달러 인프라 투자를 공약으로 내세우는 등 그 경계를 넘나들었다.

중국의 산업별 비중 추이

연도	1차 산업	2차 산업	3차 산업
2008년	10.3%	46.9%	42.8%
2009년	9.8%	45.9%	44.3%
2010년	9.5%	46.4%	44.1%
2011년	9.4%	46.4%	44.2%
2012년	9.4%	45.3%	45.3%
2013년*	9.3%	44.0%	46.7%
2014년	9.1%	43.1%	47.8%
2015년	8.8%	40.9%	50.2%
2016년	8.6%	39.8%	51.6%
2017년	7.9%	40.5%	51.6%

자료: 중국 국가통계국

※ 1차 산업은 농림수산업, 2차 산업은 제조업, 3차 산업은 서비스업.

끼리의 인수 합병M&A를 통해서 구조조정을 하겠다는 생각을 갖고 있다. 시진핑은 정통 마르크스주의의 정치 경제학이 중국 경제 발전의 행동 지침이 돼야 한다고 생각하는 사람이다. 때문에 서구에선 우파의 어젠다인 공급측 개혁을 주장하면서도, 정부의 적극적인 역할을 강조하는 것이다.

---

* 2013년, 2차 산업과 3차 산업 비중이 역전됐다.

'대중창업'을 외치는 중국의 혁신 성장

2016년 3월 전국인민대표대회에서 확정된 중국의 13차 5개년 계획(2016~2020년)에선 '혁신'을 핵심 전략으로 강조했다.* 혁신 성장을 앞세우게 된 데는 시진핑의 공급측 구조 개혁론이 바탕이 돼 있다는 평가다.

시진핑은 이에 앞서 공급측 구조 개혁론을 내세우면서 이를 국민들에게 쉽게 설명하기 위해 '두 마리 새 이론', 즉 '양조론兩鳥論'을 꺼냈다. 마치 덩샤오핑이 어떤 방법이든 개혁 개방을 추진해야 한다고 강조하기 위해 '검은 고양이와 흰 고양이 이론', 즉 '흑묘백묘론黑猫白猫論'을 꺼낸 것과 마찬가지다. 정책을 국민들에게 쉽게 설명하기 위해 우화를 드는 사례는 적지 않다. 최근엔 아베 일본 총리가 2013년 자신의 경제정책인 아베노믹스를 쉽게 설명하기 위해 '세 개의 화살' 이론을 꺼내기도 했다.

시진핑은 자신의 '두 마리 새 이론'을 '등롱환조 봉황열반騰籠換鳥鳳凰涅槃'이라는 여덟 글자로 요약했다.** 등롱환조는 '새장을 비우고 새

---

* 13차 5개년 계획의 7대 주요 목표는 경제의 중·고속성장 유지, 혁신 드라이브 성과의 가시화, 발전 협력 증가, 생활 수준 제고, 국민 소양과 사회 문명 향상, 생태 환경 수준 개선, 각 제도의 성숙 및 안착 등이고, 5대 발전 이념은 혁신 발전, 협력 발전, 녹색 발전, 개방 발전, 공향 발전 등으로 혁신이 가장 강조되고 있다.
** 《인민일보》 등 대중매체에선 '등롱환조 봉황열반'의 의미를 '전방식, 조결구轉方式 調結構'(성장 방식 전환 구조조정)라고 설명한다.

로운 새를 채워넣는다'는 뜻이고, 봉황열반은 '봉황이 죽었다가 부활한다'는 뜻이다. 이 말은 원래 2006년 시진핑이 저장성 당서기 시절에 지역 경제의 구조조정을 촉진하기 위해 했던 말이라고 한다. 그런데 시진핑은 2014년 3월 전국인민대회에 참석하기 위해 베이징에 온 광둥성 대표단을 만난 자리에서 이 말을 꺼냈다. 공급측 구조 개혁을 하기 위해선 우선 새장을 비우듯이 과거의 산업을 내보내고, 새로운 새를 채워넣듯이 혁신 신산업을 키워야 한다는 비유를 한 것이다. 이런 사례에 가장 앞선 지방이 선전 등 혁신 도시를 품고 있는 광둥성이기에 그들 앞에서 이 말을 꺼낸 것이다. 새로운 혁신 산업을 일으켜서 죽었던 봉황이 부활하듯 중국 경제를 새롭게 살리자는 뜻이다.

2015년 3월엔 시진핑이 중후장대한 전통 제조업이 많은 지린성을 시찰하는 자리에서 "전통 공업 발전에 의지한 경제 성장 방식으로는 근본적인 변화를 꾀할 수 없다"며 "생산 과잉 등과 같은 고질적인 문제가 해결되지 않으면 노후 공업지가 '등롱환조 봉황열반'할 수 없다"고 했다. 시진핑은 이같이 '두 마리 새 이론'으로 '공급측 구조 개혁'에서 낙후된 전통 제조업을 대체하는 혁신 산업의 성장 필요성을 강조한 것이다.

그 와중에 리커창 총리는 2014년 9월 '대중창업 만중창신大衆創業萬衆創新'(대중적으로 창업을 일으키고 만인이 혁신하자)을 외치기 시작했다. 이를 계기로 중국에선 혁신 성장의 불길이 일어나게 된다. 리커창은 2015년 다보스포럼에서 '두 개의 엔진'론을 꺼내는 한편, 혁신 성장의 취지를 설명했다. 리커창은 "13억 명 중국인이 전사회의 모든 세포를 활성화할 수 있다면 중국 경제는 생기로 충만할 것이다"라며 "'대중창업 만중창신은 무궁무진한 창의와 무한한 부를 품고 있는, 끝없이 캐낼 수 있는 금광과 같다"고 했다. 중국 지도부는 경제가 V자형으로 반등하지 않고 L자형으로 전개되는 신창타이 시대에 혁신 성장을 새로운 무기로 장착하겠다는 생각도 내심 갖고 있다.

이에 따라 실제 중국 경제에서 '스타트업'(창업 기업)이 활발하게 생겨나고 있다. 한국은행이 2018년 1월 낸 「중국의 창업 활성화 배경과 시사점」 보고서를 보면, 2017년 1~9월 중국의 신설 기업 숫자는 451만 개로 하루 평균 1만 6,500개가 생겨나고 있다. 이는 2016년보다 13퍼센트 늘어난 것이다. 리커창이 대중창업을 외치기 시작한 2014년에는 신설 기업이 하루 평균 1만 개가 생겼으니, 3년 만에 창업 숫자가 65퍼센트 늘어난 것이다.

국제 비교를 위해 2012년 대비 2016년의 창업 기업 숫자를 따져봤더니, 중국이 2.9배로 1.3배를 기록한 한국, 영국, 호주, 이스라엘 등 주요국보다 훨씬 높았다. 워낙 창업이 고르게 계속되는 미국은 1.1배였다. 한국과 비교하기 위해 한국은행은 1만 명당 신설 기업 숫자를 따져봤다. 2017년 1~9월 1만 명당 신설 기업 숫자는 중국이 32개, 한국이 15개였다. 2012년만 해도 중국이 14개, 한국이 15개로 한국이 더 많았지만, 2013년부터 역전됐고 격차도 커지고 있었다.

정부가 창업이 활발하게 일어날 수 있도록 창업 생태계를 육성

글로벌 스타트업 생태계 평가 순위(2017년)

1위	2위	3위	4위	5위	6위	7위	8위
실리콘밸리	뉴욕	런던	베이징	보스턴	텔아비브	베를린	상하이

자료: 스타트업 지놈, 한국은행

하면서, 중국은 미국 등 혁신 성장의 중심지에 버금가는 창업 기지로 탈바꿈하고 있다. 시장조사기관인 미국의 '스타트업 지놈'이 글로벌 스타트업 생태계를 평가한 결과에 따르면 4위에 베이징이 선정됐다. 1위, 2위를 미국의 실리콘밸리와 뉴욕이 차지했고 3위에 글로벌 핀테크 허브인 영국 런던이 오른 것과 비교하면 놀라운 경쟁력인 것이다. 중국의 상하이는 8위에 올랐다. 5~7위는 각각 미국 보스턴, 이스라엘 텔아비브, 독일 베를린이 차지했다. 스타트업 지놈은 50개국 100여 개의 스타트업 창업자 1만 명을 대상으로 설문조사를 해서 이 순위를 매겼다. 그런 만큼 현장의 목소리가 반영돼 있다. 스타트업 지놈은 20위까지 순위를 매기는데, 한국은 순위 안에 한 곳도 들지 못했다.

중국의 창업 열풍은 전자 상거래 분야에 집중되고, 지역적으로 베이징, 상하이 등 대도시나 선전 등 혁신 도시에 집중되면서 창업비용이 상승하는 등의 부작용도 발견된다. 또 구글, 페이스북 등 해외 인터넷 기업의 접속을 방해하면서 BAT(바이두, 알리바바, 텐센트) 등 국내 인터넷 기업을 육성한다는 지적도 있다. 그러나 짧은 시간 내에 미국에 버금가는 창업 환경을 조성한 것은 시진핑의 공급측 구조 개혁론의 가능성에 힘을 실어주는 것이다.

중국 학계에서는 시진핑의 공급측 구조 개혁론을 뒷받침하기 위한 연구도 활발하게 진행되고 있다. 중국 학계에서 공급 변화가 성장을 이끄는 대표적인 사례로 드는 게 미국 애플의 아이폰이다. 스티브 잡스가 이끄는 애플이 2007년 아이폰을 출시하기 전까지는 아이폰에 대한 글로벌 수요가 제로였지만, 이제는 많은 아이폰 마니아들이 생겼다. 출시 이후 10년간 12억 대 이상이 팔린 것으로 알려졌다. 아이폰은 앱(애플리케이션)시장도 창출했다. 전 세계의 앱 개발자 수는 1,200만 명이 넘는 것으로 추정되고, 앱 산업 규모만 500억 달러에 달한다고 한다. 아이폰이야말로 중국의 공급 중시 경제학이 공급 변화의 힘으로 주목하는 사례다. 중국이 이런 사례를 만들어낸다면 시진핑의 공급측 구조 개혁론이 성공했다고 할 수 있을 것이다. 이미 중국에선 BAT(바이두, 알리바바, 텐센트)라는 3대 IT 기업이 글로벌 규모로 성장하고 있다.

서구의 뉴 노멀, 중국의 신창타이

시코노믹스에서 중국 경제를 바라보는 가장 기본적인 개념은 '신창타이'다. 시진핑은 2014년 5월쯤부터 중국 경제가 신창타이 상태에 있다고 강조하고 있다. 그런데 글로벌 금융위기 직후 이미 미국에서 '신창타이'에 해당하는 '뉴 노멀New Normal' 개념이 등장했다. 2009년 5월 당시 세계 최대 채권·펀드 운용 회사인 핌코의 최고경영자 모하메드 엘 에리언이 위기 후 세계가 과거와는 다른 '뉴 노멀' 상태에 들어섰다고 얘기했다.

엘 에리언은 글로벌 금융위기로 충격을 받은 서구 경제는 일시적인 경기의 부침에 대한 대응책으로 다시 'V자형'으로 빠른 반등을 하진 않을 것이라고 봤다. 대신 경제활동이 오랫동안 느릿느릿 움직이고, 통상적일 때보다 실업이 높은 상태가 지속될 것으로 봤다. 서구 경제가 구조적으로 장기 저성장에 갇혀버렸기 때문이다. 서구 경제는 그동안 과잉 대출(레버리지), 극단적인 부채를 통한 재정 지원, 무책임한 위험 감수, 그리고 신용 팽창 등의 시기를 거치면서 구조적인 문제가 누적됐다는 게 엘 에리언의 설명이다. 여기에 대응해 부적절한 총수요 관리에 더불어 공급 측면 요소에 대해 관심을 덜 가지면서 상황은 더욱 악화됐다는 것이다.

엘 에리언의 뉴 노멀 개념은 처음엔 학계나 정책 담당자들의 주목을 받지 못했다. 각국 정부와 중앙은행들이 글로벌 금융위기를 극복한다면서 재정정책과 통화정책을 동원해 '물량 공세'를 쏟아부었기 때문이다. IMF에 따르면 세계 경제 성장률은 글로벌 금융위기 직후인 2009년 마이너스 0.1퍼센트로 역성장했다. 하지만 2010년 5.4퍼센트로 위기 이전 10년간(1998~2007년) 세계 평균 성장률 4.2퍼센트를 뛰어넘는 회복세를 보였다. 선진국들의 물량 공세가 통한데다, 브릭스BRICs(브라질, 러시아, 인도, 중국)로 대표되는 신흥국들의 성장세가 선진국들의 침체를 덮어줬기 때문이다.

하지만 곧 세계 경제 성장률은 부진한 모습을 보이게 된다. 2012년 3.5퍼센트를 기록하면서 위기 전 세계 평균 성장률 아래로 떨어졌다. 그리고 2017년까지 7년째 평균 성장률 선을 회복하지 못하고 있다. IMF는 2018년과 2019년에도 세계 경제가 각각 3.9퍼센트 성장할 것을 전망하고 있다.[11]

세계 경제가 눈에 띄게 확 살아나는 모습을 보이지 못하자, 엘 에리언의 뉴 노멀 개념에 동조하는 사람들이 나타나기 시작했다. 미국 클린턴 정부 시절 재무장관을 지냈던 래리 서머스 하버드대 교수는 2013년 11월 8일 IMF의 리서치 컨퍼런스에서 미국 경제가 '장기 침체' 상태에 있다며 장기 침체론을 들고나왔다. 크리스틴 라가르드 IMF 총재는 2014년 10월 미국 조지타운대에서 한 연설에서 '뉴 미디오커New Mediocre'(새로운 평범) 개념을 제시했다.

장기 침체론에 대해선 3장에서 설명했으니 여기서는 '뉴 미디오커'가 어떤 개념인지 설명해보기로 한다. 라가르드의 뉴 미디오커는 밋밋한 속도의 저성장을 뜻한다. 라가르드는 2014년 10월 연설에서 "글로벌 금융위기가 시작된 지 6년이 지났지만, 우리는 글로벌 경제가 여전히 약하다는 걸 목도하고 있다"며 "각국은 높은 부채 부담, 실업 등 여전히 위기의 유산을 다루고 있다"고 말했다. 라가르드는 "만약 사람들이 내일 성장 잠재력이 떨어진다고 생각하면, 오늘 투자와 소비를 줄일 것이다"라며 생산이 미약한 것이 자기실현적 예언이 돼가고 있다고 우려했다.

이렇게 서구의 '뉴 노멀' '장기 침체론' '뉴 미디오커' 등은 세계 경제가 저성장의 늪에서 금방 빠져나오지 못할 것이란 생각을 바탕에 깔고 있다. 지금 세계가 목도하고 있는 과다 부채, 양극화, 장기실업 등의 구조적인 문제들은 쉽게 해결하지 못할 것이란 우울한 전망도 동반하고 있다. 이미 세계 각국이 글로벌 금융위기 초기에 재정정책과 통화정책을 총동원해 V자형 반등을 시도했지만 유럽의 부채위기, 더블딥* 우려 등이 터져나온 분위기를 반영한 것이다. 그렇지만 이들은 과거 '정상 성장 상태'로 돌아가는 것을 꿈꾼다. 엘 에리언은 일시적인 성장세가 보이면 자신이 주장한 '뉴 노멀'이 종료됐다고 주장하기도 하고, 서머스는 재정을 통한 인프라 투자로 '장기 침체'에서 벗어나야 한다고 강조한다. 라가르드는 '뉴 미디오커'에서 벗어나기 위해 더 노력하자고 한다.

시진핑의 '신창타이'는 지금 경제는 V자형 반등이 불가능하고 L자형 전개가 나타날 것이란 생각에서 출발한다. 저성장이 새로운 정상이라는 '뉴 노멀', 저성장이 장기간 계속될 것이라는 '장기 침체론', 성장 잠재력의 하락을 우려하는 '뉴 미디오커' 등과 출발점은 크게 다르

---

* 두 번이라는 뜻의 '더블double'과 떨어지다라는 뜻의 '딥dip'의 합성어다. 불황에 빠졌던 경기가 일시적으로 회복됐다가 다시 침체되는 경제 현상을 가리킨다.

지 않다. 그런데 시진핑은 '신창타이'를 있는 그대로 받아들이자고 한다. 대신 '신창타이'를 경제 성장 방식 전환의 계기로 삼자고 한다.

시진핑은 "글로벌 금융위기 이후 서구의 황금 성장기가 마감했기 때문에, 경제는 심각한 조정기에 들어갈 것이고, 유효수요는 하락하고 재공업화나 리쇼어링(해외로 나간 기업이 돌아오는 것)으로 인한 수입 대체가 강화되는 일이 벌어져 중국의 수출 수요가 직접적인 영향을 받을 것"이라고 했다. 때문에 중국의 수출 성장은 한계에 도달했고, 창의적 혁신을 추동하고 소비 수요를 중심으로 내수를 확대해야 한다고 했다. 시진핑은 "신창타이란 대세를 중국이 쥐어야 한다"며 "변화 중에 새로운 것을 찾고, 새로운 것에서 나아갈 것을 찾고, 나아갈 것에서 돌파구를 찾는다면 중국은 한 단계 발전하게 될 것"이라고 강조하고 있다. 이런 측면에서 '공급측 구조 개혁론'을 들고나오는 것이다.

서구의 '뉴 노멀'은 빠져나오지 못하면 우울한 상태를 헤매고 있게 된다는 개념이다. 하지만 시진핑의 '신창타이'는 굳이 돈을 풀어서 빠져나올 필요가 없다며, 객관적으로 주어진 것으로 본다. 그렇지만 비관론은 아니다. 성장 방식을 바꾸고 경제의 공급 구조를 개혁해서 신창타이 시대에 맞는 경제 상태를 만들면 성공인 것이다. 그 와중에 성장률은 과거 고도성장기의 10퍼센트대가 아니라 6~7퍼센트대에 머물러도 된다는 게 중국 지도부의 생각인 것이다.

한국의 경우 과거 10퍼센트 성장을 하던 때도 있었지만, 이제 성장률이 2~3퍼센트대로 떨어졌다. 이제 와서 중국과 같은 성장 방식 전환을 하려면 얼마나 성장률을 손해봐야 하는지 가늠하기도 어렵다. 성장률 하락에 따른 고통을 어떻게 나눠야 할지도 큰 과제가 될수 있다. 중국의 신창타이 대응법을 한국이 그대로 따라 하기 어려운이유다.

시코노믹스의 공급측 구조 개혁과 아베노믹스, J노믹스

중국의 시코노믹스는 성장 담론으로 신창타이 이론을 바탕으로 해서 공급측 구조 개혁의 깃발을 들고나왔다. 구조 개혁이 우선이란 얘기다. 시코노믹스의 구조 개혁 우선주의는 앞서 살펴봤듯이 2008년 글로벌 금융위기 이후 중국에서 펼친 4조 위안의 케인스주의식 수요 진작 정책이 거품을 만들었다는 반성에서 나왔다.

시진핑은 중국 공산당 주요 간부들을 대상으로 한 연설에서 신창타이가 네 가지 전환을 의미한다고 강조했다.[12] 이를 통해 시코노믹스가 추구하는 구조 개혁의 방향을 가늠할 수 있다. 첫째, 성장 속도 전환이다. 고속성장에서 중·고속성장으로 변하는 것이다. 둘째, 성장 방식 전환이다. 규모와 속도를 중시하는 것에서 품질과 효율을 중시하는 것으로 바뀌는 것이다. 셋째, 경제구조 조정 방식의 전환이다. 생산량과 생산능력을 확대하는 걸 위주로 하지 않고, 재고를 조정하는 동시에 우수한 생산을 늘리자는 것이다. 넷째, 성장동력의 전환이다. 자원과 저비용 노동력 등 생산요소 투입에 의존해서 성장하는 혁신을 추동하는 것으로 바꾸자고 한다.

아베노믹스와 J노믹스도 구조 개혁 정책이 가미돼 있기는 하지만 우선순위에서 밀려 있다. 대신 케인스주의식 유효수요 창출이 앞자리에 올라와 있다.* 아베노믹스의 경우엔 앞세우는 세 개의 화살 정책 중 첫번째가 과감한 금융 완화, 두번째가 적극적 재정정책이다. 2012년 말~2013년 초 아베노믹스가 출발할 때, 이 두 가지 정책만 먼저 꺼내들었다. 구조 개혁 방안은 세번째 화살, 즉 신성장 전략에 들어 있었다. 그런데 신성장 전략은 2013년 6월에야 모습을 드러내기 시작했다.

J노믹스에선 일자리 중심 경제, 소득 주도 성장, 혁신 성장, 공정 경제 등 '네 바퀴 성장론'을 내세웠다. 그런데 J노믹스가 가장 먼저 앞세운 것은 최저임금 인상 등을 골자로 하는 소득 주도 성장이었다. 구조 개혁 방안에 해당하는 혁신 성장이나 공정 경제 등은 문재인 정부 출범 초기에 강조점이 아니었다. 예컨대 소득 주도 성장은 청와대가 끌어가는 모습을 보였지만, 혁신 성장은 문재인 정부의 핵심 정치 세력이 아닌 김동연 경제부총리가 이끄는 기획재정부가 주도하는

---

* 크루그먼은 2014년 11월 20일 《뉴욕 타임스》에 쓴 '구조적 기형Structural Deformity'이란 칼럼에서 일본이 디플레이션에서 탈출하려는 와중에 무작정 구조 개혁을 하자는 주장은 도움을 주기보다는 해를 끼칠 뿐이라며 구조 개혁에 반대하는 입장을 밝혔다. 디플레이션 탈출에 집중하는 걸 방해한다는 이유였다.

모양새를 취했다.

구조 개혁은 정치적 구호로서도 매력적이지 않고 경제정책으로도 끌고 나가기가 쉽지 않기 때문이다. 선출을 통해 지도자를 선정하는 중국과 달리, 선거를 통해서 집권하는 한국과 일본에서 정치 세력들이 구조 개혁을 대표 정책으로 꺼내기는 쉽지 않다. 구조 개혁은 정치 세력마다 함의가 다를 수 있고, 단기간에 성과를 내기도 어렵다. 장기적으로 경제구조를 바꿔 일자리와 소득을 늘릴 수 있겠지만, 단기적으론 이미 기득권을 갖고 있는 집단들이 양보하지 않으면 정치적인 갈등요소도 많다. 예컨대 노동시장의 유연성을 높이기 위해 노동 개혁을 하려고 하면 노동조합 등이 두 손 들고 반대에 나설 것이다. 또 경쟁을 촉진하기 위해 시장 진입 문턱을 낮추려고 하면 기존에 시장을 장악하고 있는 대기업들이 가만히 있지 않을 것이다.

중국은 정치적으론 시진핑이 반부패를 내세우면서 리더십을 구축하는 가운데, 구조 개혁을 추진했다. 단기적으로 성장이 주춤하는 것도 용인했다. 시코노믹스는 성장 속도에 있어서는 10퍼센트대 고속성장 중 3퍼센트포인트를 희생하면서도 6~7퍼센트대 중·저속성장으로 가겠다는 선언에 다름 아니다.

여러 정치 세력이 각축하고 있을 때는 구조 개혁의 방향에 대한 합의를 끌어내기도 쉽지 않다. 구조 개혁이란 일반적으로 잠재 성장 능력(잠재성장률)을 높이는 것으로 이해된다. 한 나라의 생산량을 결정하는 가장 근본적인 바탕은 노동과 자본의 투입, 그리고 이 두 요소를 어떻게 효율적으로 쓸 것인가 하는 생산성이다. 노동시장의 유연성을 높이는 것은 장기적으로 노동의 공급을 늘리는 방법이다. 비즈니스 환경을 개선하고 외국인 투자를 끌어들이는 것은 자본의 공급을 확대하는 것이다. 노동과 자본의 공급을 늘릴 수 있는 세제 개혁 등도 노동과 자본에 대한 구조 개혁 수단이 될 것이다. 혁신을 장려하고 기술 개발과 교육에 투자하는 것은 장기적인 생산성을 높이는 방향이다.

한국도 속해 있는 아시아태평양경제협력체^{APEC}는 2010년 구조 개혁에 우선순위를 둬야 할 다섯 가지 분야를 선정했다. 첫째, 무역과 투자에 대한 좋은 규제 환경이다. 둘째, 경쟁 정책이다. 셋째, 공공 부문 지배구조다. 넷째, 기업 지배구조다. 다섯째, 경제와 법적 인프라 강화다. 약자 보호와 분배에 강조점을 두는 정치 세력이라면 기업 지배구조 등의 분야에서 우선적으로 구조 개혁을 진행해야 한다고 주장할 것이고, 경쟁과 효율을 중시하는 정치 세력이라면 무역과 국내 시장의 묵은 규제를 혁파하는 게 우선이라고 주장할 것이다.

유럽중앙은행은 2017년 11월 구조 개혁과 성장의 관계에 대해서 분석한 흥미로운 보고서를 하나 내놨다.[13] 1961~2000년 동안 156개국을 대상으로 구조 개혁을 한 사례 23건(22개국)을 추출한 후 1인당 GDP 증가율을, 구조 개혁이 없는 것을 가정한 사례와 비교한 것이다. 연구 결과를 보면 구조 개혁은 단기적으로 성장에 부정적인 효과를 나타냈다. 그러나 5년이 넘어가면서 성장에 긍정적인 영향을 미치기 시작했다. 결국 구조 개혁을 한 지 10년이 되면 1인당 GDP 증가율이 구조 개혁을 하지 않았을 때보다 약 6퍼센트포인트 높아진다는 결과를 얻었다. 이들은 경제학 연구문헌 조사를 통해서도 구조 개혁이 성장을 높이는 결과를 나타낸다고 정리했다. 구조 개혁의 세부 항목을 보면 무역 자유화, 국내 금융시장 자유화, 경쟁을 제고하는 상품시장 개혁 등이 성장률을 높인다고 보고한 연구들이 다수였다. 다만 국가 간 자본 이동의 자유화는 엇갈리는 결과가 나타났다. 무분별하게 선진국 금융자본에 문을 열어주는 것은 위험할 수 있지만, 무역의 문호를 넓히고 국내 상품시장과 금융시장에 경쟁을 촉진하는 구조 개혁 정책을 추진하는 것은 장기적인 성장에 도움이 될 것이란 얘기다. 경제학의 연구 결과는 일반적인 통념과 크게 차이가 나지 않았다.

아베노믹스와 J노믹스가 우선순위에 구조 개혁을 놓지 않았다는 것이지, 한국과 일본이 구조 개혁을 추진하지 않겠다고 한 것은 아니다. 다만 구조 개혁은 단기적인 성과에 집착하기보다는 장기적인 관점에서 추진해야 한다. 단기적으론 구조 개혁의 대상이 된 일부 집단에겐 고통이 될 수 있고, 또 그 영향으로 성장률을 하락시키는 요인이 될 수 있다. 하지만 장기적으로 저성장에서 벗어나기 위해선 구조 개혁이 필수적이다. 아베노믹스와 J노믹스를 추진하는 정치 세력은 지지율 등 정치적인 자산을 바탕으로 국민에게 고통을 감수해야 한다고 설득해야 구조 개혁에 성공할 수 있을 것이다.

69장

코노믹스, 아베노믹스, 그리고 한국 경제의 미래

'성장' 약속과
재정 뒷받침 능력

한국의 J노믹스와 일본의 아베노믹스는 모두 미래의 '성장'을 약속하고 있다. 한국의 문재인 대통령은 정치적으론 진보주의자이지만 "(진보 진영도) 보수 진영보다 더 뛰어난 경제 성장 전략을 가지고 있어야 국가 경영을 맡을 수 있다"며 성장론을 꺼냈다. 아베 총리는 '경제 문외한'에 다름없다는 평가를 받던 적도 있을 정도로 일본 보수파 정치 이념에 몰두하던 정치인이었다. 그러던 그가 2012년 집권을 위해 '경제 전문가'로 자신을 다시 포장했고, 일본을 20년 디플레이션(지속적인 물가 하락) 불황에서 탈출시키고 성장의 길로 나가게 하겠다고 나섰다. J노믹스와 아베노믹스를 비교하다보면 어쩌면 '성장' 담론은 보수나 진보라는 정치적 입장 차이와는 거리가 먼 얘기일 수 있다는 생각이 든다. 정치적으론 분배를 중시하는 근본 사회주의 이념에 충실한 중국의 시진핑 국가주석이 말하는 '신창타이'나 '공급측 구조 개혁' 이론도 성장을 하지 말자는 게 아니다. 10퍼센트대 고속성장에서 6~7퍼센트대 중속성장으로 성장 속도를 조절하면서 성장 방식을 바꾸자는 얘기다.

성장은 장기적으로 지속 가능해야 한다. J노믹스와 아베노믹스는 성장을 약속했다. 그러나 케인스주의에 바탕을 두고 있다는 데서 엇박자가 생긴다. 케인스주의는 1930년대 일시적인 경기 불황에 대한 처방전으로 탄생했다. 경제가 정상 상태였다면 달성할 수 있는 '유효수요'가 충격을 받아 도달할 수 없게 됐다면, 부족한 유효수요를 재정정책과 통화정책을 통해 메워야 침체에서 벗어날 수 있다는 이론이었다. 케인스주의의 창안자인 케인스는 이런 단기적인 대응책이 장기적인 '성장'을 어떻게 끌어낼 수 있을지에 대해선 거의 얘기하지 않았다. 당시에 워낙 세계적인 대불황의 폭이 컸기에 우선 정상 상태로 돌아가는 게 급했기 때문이다. 케인스주의가 1980년대 이후 일시적으로 침체한 것은 약속했던 성장과는 달리, 물가 앙등과 실업이 늘어나는 '스태그플레이션'을 불러왔기 때문이다. 그러다보니 현재 상황에서 '성장' 담론에 케인스주의를 끌어들인다는 건 모험이고 실험이라고 할 수 있다.

J노믹스는 미진한 케인스주의의 성장론을 보완하기 위해 케인스주의의 후계자인 포스트 케인스주의자들의 '임금 주도 성장'을 끌어

들였다. 임금 주도 성장은 임금 인상이 단기적으로 유효수요 부족을 해결할 뿐만 아니라 장기적으로는 투자도 불러일으켜서 성장이 이어질 수 있다고 한다. 그리고 J노믹스는 '임금 주도 성장'은 근로자 임금만 증대시키자는 협소한 의미라고 볼 수 있다면서, 근로자와 자영업자 등 광범위한 계층의 가계소득을 늘린다는 의미로 '소득 주도 성장'이라고 고쳐 불렀다. 일시적인 침체를 벗어나는 데서 그치지 않고 장기적인 성장을 끌어내는 방법으로 소득 증대를 통한 소비, 투자 증대를 들고나온 것이다.

아베 총리는 2013년 아베노믹스를 출범시키면서 세 가지 화살 전략 중 세번째 화살로 '민간 투자를 이끌어낼 성장 전략'이란 항목을 넣었다. 첫번째와 두번째 화살인 과감한 금융 완화와 적극적인 재정 정책으로 단기적인 유효수요 부족을 메우는 한편, 장기 성장은 규제 완화 등을 통해 민간의 투자를 이끌어내는 별도의 성장 전략을 통해서 달성하겠다는 것이다. 아베노믹스는 매년 성장 전략의 진도를 점검하고 새로운 전략 방향을 추가하는 등의 보완작업을 하고 있다. 2014년 12월 3차 아베 내각*이 출범했을 때는 50년 후에도 인구 1억 명을 유지하겠다는 '1억 총활약 사회'를 캐치프레이즈로 내걸었다.

---

* 일본에서는 아베 총리의 집권기를 4차례로 나눈다. 고이즈미 내각의 바통을 이어받았던 2006년 9월~2007년 9월을 1차 내각, 재집권에 성공한 2012년 12월~2014년 12월을 2차 내각으로 부른다. 3차 아베 내각은 국회 해산 후 다시 승리하고 출범한 2014년 12월~2017년 11월이다. 4차 아베 내각은 2017년 11월 시작됐다.

2017년 11월 4차 아베 내각이 출범하면서는 장기 성장 전략의 일환으로 '생산성 혁명'과 '인재 만들기 혁명'을 내세우기도 했다. J노믹스도 네 바퀴 성장론에서 '소득 주도 성장' 외에 '혁신 성장'을 가미한다고 했다. 장기적인 성장은 스타트업 등이 혁신 기술을 만들어낼 수 있는 환경을 만드는 '혁신 성장'으로도 보완하겠다는 얘기다.

J노믹스와 아베노믹스가 케인스주의에선 부족한 장기 성장 전략을 소득 주도 성장, 혁신 성장과 장기 성장 전략 등으로 덧댄다 해도, 둘 다 케인스주의를 기반으로 했기 때문에 남는 문제가 있다. 케인스주의의 핵심 처방 중 하나가 재정 풀기다. 그런데 재정은 계속해서 확대할 수가 없다. 재정의 재원은 크게 두 가지다. 세금을 걷어 국고를 채우거나 정부가 채권을 발행해서 시중의 돈을 끌어오는 방법이다. 세금 부담이 무거워지면 경제가 살아나기 어렵다. 채권을 마구 발행해 금리가 올라도 마찬가지다. 재정을 마구 풀다가는 결국 어느 순간에 정부가 모라토리엄(채무 불이행) 상태를 선언해야 하는 '진실의 순간'을 맞을 수밖에 없다. 장기적인 '성장' 약속을 지키려고 해도 재정이 구멍나면 지킬 수 없는 약속으로 변해버리는 것이다.

그러나 한국과 일본은 재정의 지속 가능성을 두고 현재는 서로 다른 위치에 있다. 국제적으로 한 나라의 재정에 문제가 없는지 따지는 가장 중요한 지표가 경제 규모에 비해 나라 빚이 얼마나 큰가다. 즉, GDP 대비 국가채무비율을 따진다. 국가채무비율로 봤을 때 대략 85~90퍼센트를 넘으면 과다한 부채 때문에 '위험 신호'가 왔다고 여

긴다.* IMF에 따르면 한국의 2016년 기준 국가채무비율은 38.3퍼센
트다.** 반면 일본의 국가채무비율은 IMF 기준으로 2016년 239.3퍼센
트에 달한다.*** 한국은 아직 국제 기준으로 보면 국가채무를 늘릴 여
지가 있지만, 일본은 이미 과다 부채 상태에 있어 국가채무 부담이
너무 큰 것이다.

IMF는 2017년 11월 한국과 연례협의를 마친 후 낸 발표문에서
한국의 재정에 대해 다음과 같이 평가했다. "(한국의) 재정정책은 경
제 성장을 뒷받침하고 과도한 대외 불균형을 감소시키기 위해 더욱
확장적인 기조를 보일 필요가 있다. (중략) 한국은 재정 건전성에 대
한 리스크 없이 균형 있는 구조적 재정수지를 달성할 수 있는 충분한
재정 여력을 보유하고 있다."[1]

반면 일본에 대해서 IMF는 2017년 7월 연례협의 후에 다음과 같
이 우려를 표명했다. "IMF 이사들은 (일본의) 공공 부채 수준이 높은
리스크에 대응하고, 정책 불확실성을 줄이고, 정책 수립에 집중하기
위한 중기 재정 건전화의 필요성을 강조했다. (중략) 많은 이사들이 경

* 세계경제포럼WEF은 GDP 대비 국가채무비율 90퍼센트를 과다 부채의 임계점으로 본다.
BIS의 연구 보고서에선 GDP 대비 국가채무가 85퍼센트를 넘으면 성장을 제약한다고 봤
다. 하버드대 교수 카먼 라인하트와 케네스 로고프의 연구에선 국가채무비율의 임계치를
90퍼센트로 산정했다. 국가채무가 GDP의 90퍼센트를 넘으면 경제 성장률이 약 1퍼센트
떨어진다고 추정했다.[2]
** IMF 추정 통계에 따르면 한국의 국가채무비율 추정치는 2017년 38.0퍼센트로 줄었다
가 2018년 38.3퍼센트로 다소 늘어난다.
*** IMF의 일본 국가채무의 추정치는 2017년 240.3퍼센트로 늘었다가 2018년 240.0퍼센
트로 다소 줄어드는 것으로 나온다.

제에 대한 단기 재정의 지원 필요성을 지지했지만, 일부 이사들은 긴급한 재정 건전화가 중요하다고 했다."**3**

단기적으로 재정 확대는 어쩔 수 없다고 보는 의견이 일부 있지만, 중장기적으로는 재정 건전화를 이뤄내야 한다는 의견이 대다수인 것이다. 다만 일부 학자들은 일본 국채는 일본은행과 은행권 등 일본 국내에서 충분히 소화되고 있고 초저금리가 계속되고 있기 때문에, 중장기적으로 봐도 일본의 재정이 무너질 위험성은 크지 않다고 보기도 한다.* 그럼에도 불구하고 일본의 재정 여력은 장기 성장 경로를 뒷받침할 정도로 크지 않다고 보는 게 일반적이다.** 아베노믹스의 '성장' 약속이 지켜지기 위해선 일본의 재정 여력이 더 떨어지기 전에 빨리 장기적인 성장 경로로 복귀해야 하는 것이다.

한국이 지금 당장은 일본과 비교해서 재정 여력이 충분하다고 해도 마냥 안심할 수는 없다. 현재 국내외에서 한국의 재정 여력에 대해

---

* 예컨대 데이비드 웨인스타인 컬럼비아대 교수는 공기업도 정부의 대차대조표에 포함해서 봐야 한다고 하면서, 일본의 공기업이 해외에 자산을 많이 갖고 있기 때문에 이를 감안한 일본의 순정부부채는 GDP의 132퍼센트가 된다고 주장했다. 여기에 더해 일본은행은 정부부채를 영원히 갖고 있을 수 있기 때문에 일본 정부가 갚지 않아도 되고 이를 감안하면 일본의 순정부부채는 GDP의 80퍼센트에 불과할 수 있다고 주장했다.**4** 공식 국가채무 통계가 일본의 특수성을 감안하지 않아 과장됐다는 얘기다.

** 글로벌 신용평가사들은 일본의 과다한 국가부채와 재정 건전성 제고 노력이 미흡하다는 이유로 일본의 국가 신용등급을 낮추고 있다. 무디스는 2014년 12월 Aa3에서 A1으로 한 단계 낮췄고, 피치도 2015년 4월 A+에서 A로 한 단계 낮췄다. S&P는 2015년 9월 AA−에서 A+로 역시 한 단계 낮췄다. 한국의 국가 신용등급은 상승 추세여서, 일본의 국가 신용등급보다도 2단계 높은 수준이다.

장기 성장 경로를 문제없이 지탱할 정도로 튼튼한 것으로 평가하고 있다. 하지만 고령화가 일본보다 빠르고, 세계적으로도 가장 빠른 속도로 진행되고 있어 한국의 재정능력에 큰 위험요인이 되고 있다. 미국 통계국이 2016년 3월 발표한 「늙어가는 세계 2015」 보고서에 따르면 한국은 2000년 고령화사회(65세 이상 인구 7퍼센트 이상)에서 2026년 초고령사회(21퍼센트 이상)에 들어간다. 27년 만에 고령화사회에서 초고령사회로 진입하는 급속한 고령화가 진행되는 것이다. 이는 중국(34년), 태국(35년), 일본(37년) 등 아시아 국가들보다 빠른 속도다. 서구 국가들과 비교하면 초고속이라고 할 수 있다. 프랑스는 고령화사회에서 초고령사회로 진입하는 데 157년, 영국은 100년, 미국은 89년이 걸렸다. 경제활동이 적은 노인 인구가 불어나면 세수는 줄고 대신 노인 부양을 위해 재정 수요는 늘어나게 된다. 그렇기 때문에 시간이 지나면서 재정 수요가 걷잡을 수 없이 폭증할 우려가 있다.[*]

J노믹스의 '성장' 약속도 일본처럼 재정 여력이 떨어지면서 공수표가 될 수 있다. 그렇다고 손놓고 가만히 있을 수도 없다. 그래서 엄밀한 분석과 사회적 토론이 필요하다. 예컨대 한국 정부가 케인스주의식 재정 확대 정책을 편다면 국가채무비율 증가폭은 어느 정도까지 용인할 수 있을지 사회적으로 합의하는 과정이 필요할 것이다.

---

[*] 2016년 국회예산정책처가 낸 「2016~2060년 NABO 장기재정 전망」에선 2016년 현재 38.2퍼센트인 GDP 대비 국가채무비율이 2060년 152퍼센트까지 상승한다고 본다. 국제적인 임계치를 넘어선다는 것이다. 인구 고령화에 따라 세입 기반이 줄고, 복지 관련 재정 지출이 늘어나기 때문이다. 다만 2015년 기획재정부의 「2060년 장기재정 전망」에선 국가채무비율이 2060년 62퍼센트로 높아진다고 예측했다.

한국과 일본의 국가채무비율 추이

연도	2007	2008	2009	2010	2011	2012	2013	2014	2015	2016
한국	28.7	28.2	31.4	30.8	31.5	32.1	33.8	35.9	37.8	38.3
일본	183.3	191.3	208.6	215.9	230.6	236.6	240.5	242.1	238.1	239.3

단위: 퍼센트, 자료: 국제결제은행BIS

※ 국가채무비율은 국가채무를 GDP로 나눈 것.

J노믹스엔 없고,
아베노믹스엔 있는 것

아베 총리는 집권 후 6개월도 되지 않은 2013년 3월 중앙은행인 일본은행의 총재를 시라카와에서 구로다로 교체했다. 자신의 경제정책, 즉 아베노믹스를 잘 이해하고 실행할 선발대로 일본은행을 꼽고 우선 일본은행 수장부터 바꿔나가기로 한 것이다. 이후 일본의 케인스주의자들인 '리플레파'들로 일본은행 정책위원(한국의 한국은행 금융통화위원)의 빈자리를 하나하나 채운다. 구로다 총재가 이끄는 일본은행은 아베노믹스의 첫번째 화살 전략인 과감한 금융 완화 정책 구상을 '양적·질적 금융 완화QQE' 등으로 구체화한다. 그 결과 당장 일본 주식시장에 불이 붙었고, 글로벌 시장에선 엔저가 나타나게 됐다. 2011년 하반기 달러당 70엔대 중반까지 떨어졌던 달러 대비 엔화 환율은 QQE 실행 직후인 2013년 5월 100엔대로 상승했다. 2015년 중반에는 125엔까지 올랐다가 이후 100~110엔대에서 움직이고 있다. 이렇게 아베노믹스의 선발대 역할을 제대로 한 구로다 총재는 5년 임기를 마치고, 2018년 4월 연임의 길로 나가게 된다.

반면 문재인 대통령은 2017년 5월 집권 후 1년 가까이 이주열 한국은행 총재의 거취에 대해선 언급하지 않았다. 그러다가 2018년 3월 이 총재의 연임을 결정했다.* 문 대통령이 중앙은행 총재에 대해 말을 아낀 이유는 중앙은행의 정치적 독립성을 지켜줘야 한다는 걸 고려했기 때문일 것이다. 그렇지만 아베노믹스와 달리 J노믹스는 통화·금융정책을 우선순위에 놓고 있지 않는 것의 방증이라는 말이 나왔다. 그렇다고 해서 과거 정부 때처럼 새로 들어선 정부의 경제정책과 이전 정부가 임명한 한은 총재의 생각이 달라 엇박자가 나는 '불안한 동거'를 하는 분위기도 아니었다. 김동연 경제부총리가 과거 정부 때와는 달리 이주열 총재와 자주 회동하는 등 정책을 조율하는 모습을 대외적으로 보였다.

이주열 총재가 이끄는 한국은행은 2017년 11월, 6년 5개월 만에 처음으로 금리를 올렸다. 금리를 올리는 분위기는 문재인 정부 내에서도 어느 정도 양해가 된 듯했다. J노믹스의 네 바퀴 성장론에는 통화정책이 어떻게 가야 한다는 것에 대한 명시적인 방향 제시가 없었

* 문재인 대통령은 2018년 3월 2일, 같은 달 말 임기가 돌아오는 이주열 한은 총재를 임기 4년의 차기 총재로 재지명했다. 한은 총재가 연임하는 것은 40년 만에 처음이다. 청와대는 이날 "이 총재의 연임은 한은의 중립성, 자율성을 보장하겠다는 문 대통령의 의지를 반영한 것"이라고 밝혔다.

다. 하지만 문재인 정부 출범 초기부터 부동산시장의 가격 상승을 막고 크게 불어난 가계부채를 더이상은 그냥 놔둘 수 없다는 생각이 있었다. 한은의 금리 인상은 부동산과 가계부채 조이기라는 정책 방향과 어긋나지 않았기 때문에 양해 가능했던 것으로 보인다.

아베노믹스는 중앙은행 돈 풀기를 통해 경기를 부양하겠다는 목적이 뚜렷했다. 그 와중에 엔화 가치도 떨어져 수출 대기업들의 이익이 불어나는 효과도 누릴 수 있었다. 하지만 J노믹스에선 통화·금융정책이 어떤 방향인지 뚜렷하게 보이지 않는다. J노믹스에선 아베노믹스와 달리 환율정책 방향도 뚜렷하지 않다. 소득 주도 성장의 입장에서 본다면, 달러 대비 원화 환율이 하락(원화 강세)해야 국민들의 소득이 늘어나는 것이어서 원화 강세를 용인해야 한다는 주장이 나올 수 있다. 그러나 원화 강세는 그나마 남아 있는 성장 엔진인 수출에 타격을 주고, 수출 기업들의 이익이 줄어들어 국민들의 소득이 줄어들게 만드는 요인이 될 수도 있다. 금리를 조금씩 올린다는 것도 원화 강세까지는 아니더라도 미국 금리 인상으로 인한 원화 약세를 그대로 둘 수는 없다는 정책이다. 그러나 앞에서 봤듯이 금리정책 방향도 뚜렷하지는 않아, 금리정책을 토대로 환율정책 방향을 유추해내기도 쉽지 않다.

아베노믹스에는 강력한 금융 완화 정책과 더불어 통화 완화와 동전의 양면과 같은 엔저 정책이 우선순위에 놓여 있다. 그러나 J노믹스에는 통화·금융정책과 환율정책은 뚜렷하게 보이지 않는 차이가 있는 것이다. 다만 문재인 대통령 등, J노믹스를 추진하는 핵심 정치 세력들은 '외환위기를 되풀이해서는 안 된다'는 확고한 생각을 갖고 있다고 전해진다. 그래서 외환 안전망을 튼튼히 하는 데는 관심이 있다는 것이다. 한국은행이 2017년 11월 캐나다와 무제한 통화 스와프 협정을 맺고, 2018년 2월 스위스와도 100억 스위스 프랑(약 11조 원) 규모의 통화 스와프 협정을 맺은 것 등은 상당히 높은 평가를 받고 있다고 한다.

한국의 J노믹스도 일본의 아베노믹스처럼 양적 완화 등의 방법으로 중앙은행을 통해 돈을 과감하게 푸는 정책을 택할 수는 없을까. 한국의 원화가 처한 현실을 일본 엔화와 비교하면 쉽지는 않은 과제다. 한국의 원화는 대한민국의 법정통화이기는 하나 아직 국제적으로 통용되는 화폐는 아니다. 여전히 남아 있는 외환 규제 때문에 소액이 아니면 쉽게 교환하지 못한다. 외국인이 해외에서 거액의 원화를 들고 있어봤자 아무런 소용이 없는 것이다. 다시 말하면 한국에서만 가치를 인정받고 해외에선 휴지조각에 불과할 수 있다는 의미다.

반면 일본의 엔화는 세계 어디에서든지 쉽게 그 나라 통화로 바꿀 수 있다. 세계 각국은 외환 보유액의 일부로 일본의 엔화를 보유하고 있다. IMF에 따르면 2017년 9월 말 현재 전 세계 외환 보유액 11조 3,000억 달러 중 4.5퍼센트쯤이 엔화로 구성돼 있다. 달러(63.5퍼센트), 유로(20.0퍼센트)보다는 비중이 적지만 외환 보유액으로 세계에서 세번째로 선호도가 높다. 글로벌 위기라도 벌어지면 엔화 자산을 안전자산으로 보유하려는 욕구가 높아지기도 한다.

그래서 일본은행은 국내에서 엔화를 푸는 것만으로도 글로벌 시장에서 엔화 가치를 움직일 수 있다. 하지만 한국은행은 국내를 벗어나면 원화 가치를 조정할 수 있는 힘이 거의 없다. 만약 원화를 마구 풀었다가 환율의 움직임이 국내 외환 당국의 손아귀에 벗어나는 순간 외국인 투자자들이 한꺼번에 한국에서 탈출을 시도하고, 그 결과 외환 위기가 발생할 가능성도 배제할 수 없는 것이다.

일본은행의 엔저 정책도 마냥 엔화 가치를 떨어뜨리는 것은 아니다. 일본은행이 시장을 통해 간접적으로 통제할 수 있는 수준에서 관리하는 것으로 보인다. 달러 대비 엔화 환율이 100~110엔대에서 움직이는 것을 목표로 하고 있는 것으로 보인다.*

또 양적 완화란 개념 자체가 제로금리에 도달해서 더이상 금리를 낮출 수 없을 때 꺼내드는 정책이다. 한국의 경우 기준금리를 연 1.25퍼센트까지 낮췄다가 다시 금리를 올리고 있다. 제로금리까지 가지도 못했던 것이다. 여기에 더해 2015년 말 이후 제로금리 정책을 폈던 미국이 금리를 올리고 있다는 점도 변수가 된다. 한국의 경우 미국과 금리 역전 현상이 장기간 벌어진다면 외국인 자금 유출이 일어날 수 있다. 미국이 금리를 올리면 시차를 두더라도 한국도 따라서

---

* 아베노믹스의 설계자로 불리는 하마다 고이치 예일대 명예교수는 달러 대비 엔화 환율이 90엔대였던 2013년 초 "달러당 95~100엔 정도는 문제가 없고 오히려 바람직하다"고 했다. 그런데 120엔대로 치솟은 2015년 4월에는 "엔화 환율은 105엔 선이 적정하다"고 했다. 이후 엔화 환율이 안정화되면서 100~110엔대에서 움직이고 있다.

세계 외환 보유액의 통화별 구성비

미국 달러	유로	일본 엔화	영국 파운드	캐나다 달러	호주 달러	중국 위안	기타
63.50	20.04	4.52	4.49	2.00	1.77	1.12	2.56

단위: 퍼센트, 자료: IMF

※ 2017년 9월 말 기준. 전 세계 외환 보유액은 11조 2,966억 달러.

금리를 올려야 자금 유출을 막을 수 있다. 일본 엔화는 위기 때 안전 자산으로 평가될 정도로 아직은 튼튼한 통화다. 때문에 미국과 금리 역전이 오래 지속돼도 견딜 수 있는 체력이 있다. 이런 사정들 때문에 만약 J노믹스가 아베노믹스와 같은 과감한 금융 완화를 앞세웠다고 해도 실제 정책으로 구체화하려면 어려움이 많았을 것이다.

20년 시차를 두고
일본 경제를 닮아가는 한국 경제

J노믹스와 아베노믹스가 모두 미래의 '성장'을 약속하고 있는 것은 한국과 일본 모두 '장기 저성장'의 고통을 겪고 있기 때문이다. 그러나 지금 한국과 일본이 겪고 있는 장기 저성장이 그 폭과 질에 있어서 같은 것은 아니다.

한국의 경우 2008년 글로벌 금융위기가 터지기 전까지만 해도 '장기 저성장'은 생소한 개념이었다. 1997년 외환위기의 경험이 있기는 하지만, 그때만 해도 1998년 한 해만 −5.5퍼센트의 역성장을 한 후 다음해 11.3퍼센트 성장으로 반등할 정도로 경제가 역동성이 있었다. 1970년대 10퍼센트대의 고도성장기가 2000년대 들어 4~5퍼센트대의 중속성장기로 접어들었다는 개념은 있었지만 '장기 저성장'을 체험할 것이라고는 상상하지 못했다. 2008년 글로벌 금융위기도 2009년 0.7퍼센트 성장으로 한국은 살짝 비껴갔고, 2010년 6.5퍼센트 성장으로 반등했다. 그렇지만 2012년 2.3퍼센트를 기록한 이후 2017년까지 5년째 2~3퍼센트 초반대 저성장에 갇혀 있다. 앞으로 전망도 글로벌 금융위기 이전의 4~5퍼센트대 성장에 복귀하기는 어렵고 3퍼센트 선을 두고 오르락내리락한다는 예측이 대다수다. J노믹스가 시동을 건 2017년은 일본이 이미 1990년대 초부터 겪고 있는 장기 저성장기에 막 진입한 것 아니냐는 걱정이 일각에서 나오기 시작하던 때인 것이다.

반면 일본은 2012년 말 아베 총리가 집권할 때 이미 '20년 불황'이라고 불리던 장기 저성장기로 20년 이상 고통을 겪고 있었다. 일본은 20년 불황이 시작되기 전까지만 해도 10년 평균 성장률이 4.7퍼센트였지만, 1991~1994년 평균 성장률이 1.5퍼센트로 급제동이 걸렸다. 당시만 해도 일시적인 성장률 하락이라고 보고, 금리를 낮추고 재정을 조금씩 풀어 경기 회복을 유도하는 정책을 폈다. 하지만 1997년 아시아 외환위기의 여파로 일본의 성장률은 마이너스로 곤두박질쳤다. 이후 경제 성장의 반등 기회를 찾지 못하고 2000년 글로벌 IT 거품 붕괴, 2008년 글로벌 금융위기, 2011년 동일본 대지진 등의 충격을 고스란히 받으면서, 대부분의 기간 동안 경제 성장률이 1퍼센트 미만에서 움직였다. '10년 불황'이 '20년 불황'으로 계속 이어졌다. 그동안 제로금리, 양적 완화 등 중앙은행의 돈 풀기, 재정을 통한 돈 풀기, 그리고 각종 구조 개혁 등 안 해본 정책이 없다고 할 정도로 수많은 경기 회복 대책을 꺼냈다. 하지만 '백약이 무효'라 할 정도로 큰 반응을 이끌어내지 못했다. 그 와중에 등장한 게 아베노믹스다. 이미 장기 저성장으로 고통을 받을 대로 받은 후에 꺼내든 종합 패키지라고 할 수 있다.

한국과 일본이 겪고 있는 장기 저성장의 폭과 질의 차이는 '20년 시차'에서 나온다. 한국은 경제 상황에 있어서 20년 시차를 두고 일본을 따라가고 있기 때문이다. 경제 성장률은 앞에서 본 바와 같이 대체로 20년의 시차를 두고 한국이 일본의 성장 경로를 유사하게 따라가고 있다. LG경제연구원이 한국과 일본의 성장률(5년 이동 평균 기준)을 20년 시차를 두고 겹쳐본 결과를 보면 유사한 흐름이 나타나고 있다.[5] 일본의 성장률은 1960년대 10퍼센트대에서 1970~1980년대에 4~5퍼센트로 낮아졌다. 1990년대 이후엔 평균 1퍼센트 미만으로 떨어졌다. 한국은 1970~1990년대 7~9퍼센트에서 2000년대에 4퍼센트, 2010년대 들어서는 평균 3퍼센트대로 성장률이 낮아졌다. 다만 전반적으로는 한국이 일본보다 1퍼센트포인트 정도 높은 성장세를 유지하고 있다는 점은 주목할 만하다.[6]

경제의 기본이 되는 인구구조는 성장률보다 더 유사하게 20년 시차를 유지하고 있다. 한국의 국책 연구기관인 한국개발연구원KDI 은 "인구 증가율, 노인 부양비율 등 인구구조와 관련된 (한국의) 모든 지표는 20년 정도의 시차를 두고 일본을 쫓아가고 있다"고 평가 했다.[7] 일본의 총인구는 2010년부터 감소하기 시작했는데, 한국 통계청의 '장래 인구 추계'에 따르면 한국의 총인구는 일본보다 20년쯤 후인 2031년 5,296만 명으로 정점을 찍고 감소하게 된다. 경제 성장에는 총인구보다는 15~64세 인구인 생산 가능 인구의 추세가 큰 영향을 끼친다. 생산 가능 인구는 일본이 1995년 8,726만 명으로 정점을 찍고 감소하기 시작했다. 한국은 20년쯤 차이를 두고 2016년 3,763만 명을 정점으로 감소세로 돌아섰다.

경제 성장을 이끄는 3대 요소는 노동력, 자본, 생산성이라고 할 수 있다. 비슷한 인구구조를 가졌다는 것은 경제 성장 경로도 비슷하게 될 가능성이 높다는 것이다. 다만 한국과 일본의 경제구조가 다르다면 향후 성장 경로가 달라질 수 있다. 그러나 한국과 일본은 서비스업의 생산성이 낮고, 노동시장이 정규직, 비정규직으로 양극화돼 있으며, 구조 개혁이 필요하다는 점에서 경제구조도 비슷하다.[8] 다만 경제의 부채구조만 상당한 차이를 보이고 있다. 한 경제의 부채구조는 기업, 가계, 정부부채의 구성으로 따져볼 수 있다. GDP 대비 기업부채는 일본이 1990년대에 140퍼센트로 높은 비중이었지만 기업부채 감축 노력으로 2015년 100퍼센트쯤으로 낮아졌다. 한국은 1997년 외환위기 후 기업부채를 줄여 역시 100퍼센트 수준을 유지하고 있다. 크게 다른 것은 가계와 정부부채의 GDP 대비 비중이다. 가계부채비율은 일본이 65~70퍼센트 수준으로 일정한데, 한국은 1990년대 초 40퍼센트에서 최근 90퍼센트까지 치솟았다. 한국의 GDP 대비 가계부채비율은 글로벌 기준으로 과잉으로 보는 75~85퍼센트 수준을 넘어섰다. 그러나 앞에서 봤듯이 국가채무에 있어서는 반대다. 일본은 240퍼센트에 육박하지만, 한국은 40퍼센트에 약간 못 미치는 수준이다. 종합해보면 J노믹스는 정부의 재정으로 경제를 장기 저성장에 빠지지 않도록 할 수 있는 여력이 아베노믹스보다 높다. 다만 급격한 고령화로 재정 여력이 빠르게 축소될 수 있으므로, 20년 시차가 있다고 해도 J노믹스에 주어진 시간이 많다고 할 수 없다. 그리고 아베노믹스는 이미 20년 불황이 진행된 후 나온 대책이란 점을 간과해선 안 된다. 장기불황에 빠지는 걸 막으려는 J노믹스와 이미 20년 장기불황에서 허우적대다 나온 아베노믹스를 단순히 수평적으로 비교해선 안 된다는 것이다.

한편 일본은 5년 단임 대통령제를 택하고 있는 한국과 달리 의원내각제를 채택하고 있어, 정치 리더십이 쉽게 바뀔 수 있는 게 경제정책에선 악영향을 끼친다는 지적이 많았다. 한국에선 이론적으론 적어도 5년은 일관된 경제정책을 펼 수 있지만, 일본에선 총리의 평균 재임기간이 2년 정도에 불과해 정책의 일관성이 유지되기 어렵다는 것이다. 과거 재정 풀기에 나섰다가 재정 건전화로 금세 회귀하고, 구조 개혁에 방점을 찍었다가 기득권 계층이 반발하면 다시 후퇴하는 일이 반복되곤 했다. 아베 총리의 재임기간이 5년이 넘어가면서 '아베노믹스'가 작동하기 시작했다는 평가를 할 수 있는 대목이다. 일본은 20년 불황을 겪으면서 장기간 일관된 경제정책 추진이 필요하다는 반성에서 아베노믹스가 나왔다. 이는 적어도 5년 동안 일관된 경제정책을 추진할 수 있는 환경을 가진 한국의 J노믹스와 다른 점이다.

경제의 '일본화'는 피할 수 없는 길일까

일본 경제도 한국이나 중국처럼 10퍼센트대의 고도성장을 하던 때가 있었다. 그러나 1990년대 이후 20년 불황에 빠지면서 장기 저성장기에 들어섰다. 한국은 20년 시차를 두고 2008년 글로벌 금융위기 이후인 2010년대에 저성장이 지속되는 모습을 보였다. 세계의 성장 엔진이던 중국도 10퍼센트대 고속성장을 멈추고 6~7퍼센트대 중·저속성장의 길로 나서고 있다.

일본은 특히 선진국 중에서 대표적으로 물가가 지속적으로 하락하는 '디플레이션 불황'을 겪은 사례. 디플레이션에 빠지면 소비자들은 미래에 물가가 하락한다고 기대하기 때문에 굳이 현재에 소비를 할 이유를 찾지 못한다. 기업들도 그런 소비자들의 행태를 예상하기 때문에 당장 투자할 이유가 없다. 글로벌 금융위기로 큰 타격을 받은 미국과 유럽 경제가 V자형 반등에 실패하면서 일본처럼 장기불황에 빠지는 것 아니냐는 우려가 퍼졌다. 특히 2010년대 중반엔 물가 하락 조짐이 보이면서 일본처럼 '디플레이션 불황'에 빠지는 것 아니냐는 걱정이 컸다. 세계가 '일본화Japanization'되는 걸 피할 수 없는 건 아닐까 하는 의문도 퍼졌다. 성장을 계속하다보면 결국 한계에 부닥치게 되고, 그 대표적인 사례가 일본 아니냐는 것이다.

경제 성장에 한계가 있다는 건 역설적이게도 주류 경제학인 신고전학파 경제학이 암묵적으로 가정하고 있다. 수확 체감의 법칙을 확장하면 결국 성장에는 한계가 있다는 걸 인정할 수밖에 없다. 경제 전체의 성장을 결정하는 것은 노동력, 자본, 그리고 생산성이다. 일단 생산성은 나중에 고려하기로 하고 노동력과 자본의 투입을 늘려서 성장을 끌어낸다고 하자. 그런데 수확 체감의 법칙을 적용하면, 노동력이나 자본의 투입을 늘리면 늘릴수록 추가로 나오는 생산량은 줄어들게 된다. 결국엔 아무리 노동력이나 자본의 투입을 늘려도 추가 생산량은 제로에 가깝게 된다. 신고전학파 경제학이 생각하는 '균형 상태'라는 것은 성장이 정체된 경제일지 모른다.

그러나 현실에선 선진국이라고 해서 성장이 멈추진 않는다. 두 가지 사례를 생각해보자. 첫째는 독일과 일본의 성장 차이다. 1970~1980년대 세계 경제의 스타는 독일과 일본이었다. 독일은 제2차 세계대전의 폐허에서 빠르게 회복해 '라인 강의 기적'이라고 불렸다. 일본은 1979년 에즈라 보걸 하버드대 교수가 『넘버원 일본: 미국을 위한 교훈Japan as Number One: Lessons for America」이란 책을 쓸 정도로 미국을 위협하는 경제였다. 1985년 불어나는 무역 적자를 감당하기 어려워진 미국이 프라자 호텔에서 주요국 화폐의 평가 절상(가치를 올리는 것)을 요구했을 때 주요 타깃은 독일과 일본이었다. 수출 의존도가 높은 경제라는 것도 같았다. 그런데 1990년대 이후 일본은 '20년 불황'의 길을 갔지만, 독일은 소위 '독일병'을 극복하고 성장세를 유지했다. 일본의 잠재성장률은 1986~1990년 4.6퍼센트에서 2001~2007년 0.9퍼센트로 5분의 1 토막이 났지만, 독일의 잠재성장률은 1986~1990년 3.2퍼센트에서 2001~2007년 1.7퍼센트로 그다지 떨어지지 않았다.[9] 일본은 정치적 리더십이 취약해서 구조 개혁에 실패했지만, 독일은 2002년 게르하르트 슈뢰더 전 총리가 노동시장의 유연성을 강화하는 하르츠 개혁을 단행한 것이 경제구조의 활력성을 유지한 비결로 꼽힌다.[10]

둘째는 세계 1위 경제대국인 미국의 성장이 멈추지 않는다는 것이다. 미국 역대 대통령의 재임기간 중 연간 성장률을 보면 닉슨 대통령 때 평균 2.8퍼센트로 떨어졌지만, 레이건 대통령 때는 3.5퍼센트로 오히려 시간이 지나면서 오르기도 하는 걸 확인할 수 있다. 클린턴 대통령 때는 더욱 성장세가 가속화돼서 연평균 3.9퍼센트 성장하기도 했다. 다만 미국발 글로벌 금융위기로 큰 타격을 받으면서 최근 재임했던 오바마 대통령 임기 중에는 평균 성장률이 1.5퍼센트에 머무르는 데 그쳤다.

미국 역대 대통령 재임기간 중 평균 성장률

대통령	트루먼 (1946~1952년)	아이젠하워 (1953~1960년)	케네디 (1961~1963년)	존슨 (1964~1968년)	닉슨 (1969~1974년)	포드 (1975~1976년)
성장률	1.7%	3.0%	4.3%	5.3%	2.8%	2.6%

대통령	카터 (1977~1980년)	레이건 (1981~1988년)	부시 (1989~1992년)	클린턴 (1993~2000년)	부시 (2001~2008년)	오바마 (2009~2016년)
성장률	3.3%	3.5%	2.3%	3.9%	2.1%	1.5%

자료: 허드슨 연구소

근로자 1인당 GDP로 봐도 미국 경제의 성장세가 하락하기만 하는 게 아니라는 걸 다시 확인할 수 있다. 미국의 근로자 1인당 GDP 증가율은 1950~1970년대 매년 약 2.3퍼센트 성장했다. 그후 1990년대 중반까지는 1.3퍼센트로 증가율이 주춤했다. 그러다가 2004년까지 다시 속도를 내기 시작해 매년 2.8퍼센트의 성장률을 보였다. 다만 지금은 매년 1.1퍼센트 내외의 증가율로 하락했다.[11]

선진 경제가 되더라도 성장이 멈추지 않는 이유는 무엇일까. 경제학자들은 성장의 방식을 크게 세 가지로 설명한다. 첫째는 '스미스적 성장'이다. 경제학의 아버지인 애덤 스미스(1723~1790년)가 얘기한 분업을 통한 성장 방식이다. 스미스는 『국부론』에서 분업으로 생산량을 확 늘린 핀 공장 얘기를 꺼낸다. 원래 그 공장은 10명의 기술자들이 18개의 공정을 나눠 하고 있었다. 한 명이 모든 공정을 다 했다면 핀 한 개를 만드는 데 하루가 걸렸을 텐데, 10명이 나눠 했더니 하루에

4만 8,000개의 핀을 만들 수 있었다고 했다. 생산성이 4,800배나 높아진 것이다.

둘째는 '리카도적 성장'이다. 19세기 경제학자 데이비드 리카도(1772~1823년)는 각국은 비교우위가 있는 물건을 교환하는 무역을 통해서 성장할 수 있다고 했다. 스미스가 한 공장 내의 분업을 얘기했다면, 리카도는 국제적인 분업을 말하는 것이다. 예컨대 잉글랜드는 옷감을 생산하고 포르투갈은 포도주를 생산해서 서로 무역을 한다면, 잉글랜드와 포르투갈 모두 무역을 통해서 이득을 얻고 같이 성장할 수 있다는 말이다.

마지막으로 '슘페터적 성장'이다. 경제학자 조지프 슘페터가 주장했듯이 기술 혁신을 통해서 성장하는 길을 찾는 것이다. 경제 전체의 성장을 결정하는 것은 노동력, 자본, 그리고 생산성인데 기술을 발전시켜 생산력을 높이면 지속적인 성장이 가능한 것이다. 신기술을 개발해서 성장 잠재력을 높이는 것이다. 이를 위해서는 기술 개발 인력을 키우고, 연구개발R&D에 대한 투자를 늘려야 한다. 노동력이나 자본을 통한 성장이 어느 정도 한계에 도달한 선진 경제도 계속 성장할 수 있는 이유는 '슘페터적 성장'에서 찾을 수 있다.*

---

* 로버트 고든 노스웨스턴대 교수는 『미국의 성장은 끝났는가The Rise and Fall of American Growth』란 저서에서 기술 혁신이 기반이 된 미국의 성장은 1920~1970년대에 최고조에 달했으며, 그 이후엔 혁신이 더뎌져서 더이상 미국의 성장이 어렵다는 비관론을 제시하기도 한다.

경제의 구조를 쉼 없이 개선하고 기술 혁신에 투자하면 생산성을 계속해서 높일 수 있다. 그런 과정을 통해 선진 경제가 되더라도 '일본화'에 빠지지 않을 수 있다는 것이다. 20년 시차를 두고 일본의 성장 경로를 따라가고 있는 한국으로서는 '일본화'에 빠지지 않는 방법은 무엇인지 끊임없이 고민하고 실행해야 한다.

J노믹스와 아베노믹스의 대기업 정책

J노믹스엔 있고, 아베노믹스엔 없는 정책을 찾는다면 대기업 정책을 들 수 있다. J노믹스의 네 바퀴 성장론에는 공정 경제라는 전략이 들어 있다. 김동연 경제부총리가 2017년 7월 25일 발표한 '새 정부의 경제정책 방향'에선 공정 경제 전략에 대해 '경제 주체 간 합리적 보상 체계 정립'이라고 요약돼 있다. 이 단어들만 가지고는 공정 경제가 뭘 추구하는 전략인지 쉽게 알 수 없다.

하지만 경제정책 방향에 첨부된 2개의 그래프를 보면, 무엇을 내포하는지 쉽게 알 수 있다. 첫번째 그래프는 대기업과 중소기업 간 취업자 수, 매출액, 임금의 격차를 나타내는 그래프다. 두번째는 삼성, 현대차, SK, LG 등 4대 그룹의 매출액 비중 추이를 나타내는 그래프다. 공정 경제 전략을 통해 대기업과 중소기업 간의 격차를 줄이고, 4대 그룹에 집중된 경제구조를 바꾸겠다는 것을 의미하는 것이다.

특히 4대 그룹에 대한 매출 집중도가 눈길을 끈다. 4대 그룹의 매출 집중도는 2012년 52.2퍼센트에서 2017년 56.2퍼센트로 4퍼센트포인트 증가했지만, 그래프의 모양은 3배 가까이 집중도가 늘어난 것처럼 그려져 있다.

새 정부의 경제정책 방향에 삽입된 그래프

대기업과 중소기업 간 격차

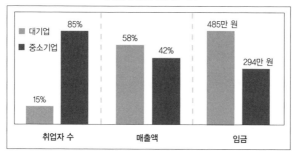

4대 그룹 매출액 비중(30대 그룹 대비)

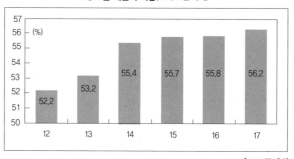

자료: 공정위

※ 취업자 수, 매출액은 전체 대비 비중

그만큼 재벌 대기업에 대한 집중 해소에 목표를 두겠다는 것으로 읽힌다. 문재인 정부의 초대 공정거래위원장인 김상조 위원장은 재벌 개혁을 4대 그룹에 집중하겠다고 했다. 하지만 김 위원장은 2017년 6월 취임 후 당장 압박의 카드를 꺼내지 않았다. 자율적으로 자구 방안을 만들어오라고 요구하는 등 속도 조절에 나서는 인상을 주고 있다.

공정 경제 전략이 내포하는 재벌 개혁 이슈는 J노믹스가 포기하기 힘든 전략이다. 문재인 대통령은 2012년 대선에서 경제 민주화 이슈를 박근혜 당시 새누리당 후보에게 선점당했다. 문 대통령은 『1219 끝이 시작이다』라는 책에서 당시 대선의 시대정신은 정치적 민주주의를 뛰어넘는 '경제 민주화'와 '복지국가'였다고 했다. 그러면서 '경제 민주화'를 박 대통령의 당선을 이끈 핵심 공약으로 인정했다. 당시 박근혜 캠프에서 경제 민주화 공약을 만들었던 김종인 전 의원은 『지금 왜 경제 민주화인가』란 책에서 "경제 민주화를 한마디로 요약하면 거대 경제 세력(재벌)이 나라 전체를 지배하지 않도록 하자는 것이다"라고 했다. 문 대통령도 2017년 대선에서 성장 담론을 담은 J노믹스를 들고나왔지만, 경제 민주화에 눈감은 것은 아니었다. 문 대통령은 "재벌 개혁 없이는 경제 민주화도 경제 성장도 없다" "재벌의 긍정적 역할을 강화하고 부정적 측면을 개혁해야 진정한 시장 경제가 이뤄질 것이다"는 취지의 말을 여러 차례 했다. 문 대통령은 2017년 1월 한 포럼에서 "그동안 재벌 경제는 우리 경제 성장의 견인차였다"면서도 "한편으로 재벌은 공정한 시장을 어지럽혀 이제는 경제 성장의 걸

림돌이 되고 재벌 자신의 경쟁력을 약화시키기에 이르렀다"고 했다.[12] 이런 맥락에서 J노믹스의 '네 바퀴 성장론'의 핵심 전략 중 하나로 공정 경제를 넣은 것이다.

반면 아베노믹스에는 대기업을 표적으로 하는 정책은 찾아보기 힘들다. 세번째 화살 전략으로 '민간 투자를 이끌어낼 성장 전략'을 꺼냈지만 대기업만 표적으로 한다고 보기는 어렵다. 다만 임금 인상에 대해서는 대기업에 대해 '3퍼센트 임금 인상'을 촉구하는 등, 대기업이 앞장서서 아베노믹스에 동참해달라고 요구하고 있기는 하다.

아베노믹스에 J노믹스와 달리 대기업의 집중을 막는 정책이 없는 이유는, 한국과 일본의 재벌 대기업의 성격에 차이가 있기 때문이다. 일본은 제2차세계대전 전까지만 해도 조선, 중공업, 전자, 은행 등을 거느리고 문어발식 경영을 하는 재벌 대기업이 경제를 주무르는 나라였다. 그러나 제2차세계대전 패전 이후 미군정이 강제로 재벌 해체에 나섰다. 일본의 재벌 대기업들이 침략 전쟁에 가담하는 등 일본 제국주의의 원동력으로 작용했다고 판단했기 때문이다. 이후 은행과 상사를 중심으로 예전 재벌 계열사들이 상호출자를 통해 기업 집단을 재건하긴 했지만, 재벌 오너 가족들의 지배력은 무력화됐다. 대신 전문경영인들이 관리하는 체제로 바뀌었다. 1970~1980년대 일본 경제의 성장기 때는 은행을 중심으로 움직이는 미쓰비시, 미쓰이, 스미토모, 후요, 산와, 다이이치칸교 등 6개 대기업 집단이 일본 경제를 주도하게 된다. 하지만 '20년 불황' 기간을 거치면서 은행들이 구조조정에 휘말렸고, 이들 대기업 집단도 힘을 잃어가게 됐다. 대기업 집단에 속해 있더라도 한국처럼 서로 밀어주고 당겨주는 식으로 움직이지 않고, 개별 기업이 독자적으로 투자 등 경영 의사결정을 내리는 방식으로 운영됐다. 불황이 장기화되자 각자도생으로 살길을 찾아가야 했기 때문이다. 현재 대기업 집단으로 통합력을 유지하고 있는 곳은 미쓰비시 그룹 정도라고 한다. 지금은 수직 계열화를 이룬 도요타 자동차가 일본 1위 기업으로 일본 경제를 이끌고 있다.

아베노믹스와 달리 J노믹스가 대기업 정책을 추진하는 것은, 일본과 달리 한국은 아직 재벌 중심으로 경제체제가 돌아가기 때문이다. 그러나 J노믹스는 문 대통령이 여러 차례 밝혔듯이 재벌의 긍정적 역할을 강화하고 부정적 측면을 개혁하는 철학에 바탕을 둬야 할 것이다. 재벌 개혁은 진정한 시장 경제를 추구하기 위해서라는 목적이 변질돼선 안 된다. 그렇기에 J노믹스의 재벌 개혁이 검찰과 경찰을 동원한 무조건적인 '재벌 길들이기'로 변질돼선 곤란하다. 경제에 경쟁을 촉진시키고 혁신 경제라는 새살을 돋게 하기 위해 재벌 개혁에 나서는 것은 좋지만, 벌주기 식의 재벌 개혁은 시장 경제 발전이나 경제 성장을 위해 도움이 되지 않기 때문이다. 어차피 정부의 힘으로 재벌 오너 체제를 문닫게 할 수는 없는 게 현실이다. 그렇다면 재벌이 경쟁과 시장을 중시하는 시장 경제의 운영 원리에 맞춰 움직이도록 가이드라인을 만들어주는 정도의 역할을 하는 게 맞다고 생각한다. 소수 지분으로 경영을 좌지우지하는 재벌 오너들이 아닌 실제 다수의 주주들이 대기업 경영에 참여할 수 있도록 제도만 정비해주고, 오너들의 사익 추구 행위에 대한 감시만 제대로 해도 재벌 개혁은 상당 부분 진전될 수 있다. 회계제도의 투명성을 높이는 것도 하나의 방법이 될 수 있다. 재벌 개혁은 철저하게 한국 경제의 성장에 도움이 되는 길이 무엇인가 고민해서 추진해야 할 것이다. 더러워진 아기 목욕물을 버리다 아기까지 버리는 잘못을 저질러서는 안 된다.

아베노믹스에서 찾는
J노믹스의 미래

"구조 개혁과 실물 경제 펀더멘털(기초 체력) 개선이 뒷받침되지 않는 양적 완화는 지속 가능한 성장을 보장해주지 않기 때문에 무너지기 쉬운 모래성과 같다."

아베노믹스가 막 시동을 걸던 2013년 5월, 한국의 현오석 전 경제부총리가 OECD의 한 포럼에 나가 아베노믹스에 대한 한국 정부의 의견이라며 한 말이다. 그는 같은 달 외신과 인터뷰에서 "환율전쟁은 바람직하지 않다"며 엔저에 기반을 둔 아베노믹스를 비판하기도 했다. 그러나 이는 이전에 밝힌 아베노믹스에 대한 평가와 완전히 입장이 바뀐 것이었다. 이에 앞서 현오석 전 부총리는 4월 외신 기자와의 간담회에선 아베노믹스가 성공하기를 바란다는 말을 했다. 그는 간담회에서 "일본 입장에서 아베노믹스와 같은 정책은 피할 수 없는 선택"이라면서 "인플레 자극을 통해 디플레를 극복하는 것으로 그런 정책이 성공하길 기대한다"고 했다.

현오석 전 경제부총리의 바통을 이어받은 최경환 전 경제부총리도 아베노믹스의 평가에 대해 왔다갔다하는 모습을 보였다. 최경환 전 부총리는 2014년 7월 취임 후 국정감사에서 아베노믹스에 대해 "디플레이션을 탈피하기 위한 것으로 정책 여력이 소진된 상황에서 추진되는 마지노선 대책"이라고 평가절하했다. 그는 2014년 9월 G20 회의 때도 아베노믹스에 대해 "막다른 골목에서 윤전기로 돈을 찍어내는 것"이라고 혹평하기도 했다. 하지만 2015년 5월 경제관계장관회의에서 최경환 전 부총리는 "자칫 잘못하면 '뛰어가는 일본, 기어가는 한국'으로 신세가 바뀔 가능성이 있다"고 아베노믹스의 성과를 호평했다. 그리고 아베노믹스의 세번째 화살 정책인 '성장 전략'을 사례로 들면서 "일본은 경제사회적으로 한국과 유사한 구조가 많기 때문에 일본의 규제 개혁 방식과 관련해 반면교사로 삼을 점을 면밀히 검토해야 한다"며 오히려 배울 점을 찾자고 했다.

문재인 정부 들어 정부 당국자가 아베노믹스에 대해 공개적으로 언급하는 일은 없었다.* 하지만 문재인 정부라고 해서 박근혜 정부의

---

* 중국에선 대체로 관영 언론을 중심으로 아베노믹스에 대해 비판적인 논평이 나온다. 관영 통신사인 《신화통신》이 2016년 3월 25일 게재한 '벌거벗고 수영하는 아베노믹스裸泳的 安倍經濟學'라는 논평이 대표적이다. 이 논평은 아베노믹스의 세 가지 화살 정책이 과감한 금융 완화는 '화폐전쟁'의 위험을 높이고, 적극적 재정정책은 '일본 국채 위기'를 불러올 수 있으며, 성장 전략은 실행되기 어려워 양극화가 확대될 위험성이 있다고 경고했다.

경제팀 수장인 경제부총리들이 아베노믹스에 대해 밝힌 생각과 크게 다르지 않을 것이다. 한국 정부로선 아베노믹스에 대해 성공작이라면서 높게 평가하기도 어렵고, 그렇다고 크게 비난하기도 어렵기 때문이다. 일본 경제는 한국 경제의 동반자 역할*을 하면서도 경쟁자 역할**도 하기 때문이다. 일본 경제가 부활하는 것은 한국 경제에 기회가 될 수도 있지만, 엔저를 바탕으로 일본 기업의 수출 경쟁력이 높아지는 것은 한국의 수출 기업들에는 재앙이 될 수도 있다. 게다가 일본의 아베 정부는 외교적으로는 독도 문제, 위안부 문제 등을 둘러싸고 한국 역대 정부들과 불편한 관계다. 때문에 국민 여론을 고려하다 보면 아베노믹스를 순수하게 경제적인 측면에서만 객관적으로 평가하기 어려운 측면도 있다.

그럼에도 불구하고 앞서 논의한 것과 같이 J노믹스와 아베노믹스의 유사점과 차이점을 밝혀보는 데서, 앞으로 J노믹스가 선발주자인 아베노믹스에서 어떤 교훈을 얻을 수 있을지 생각해보려고 한다.

---

* 일본은 2016년 기준으로 한국의 수출대상국 중 중국, 미국, 베트남, 홍콩에 이어 5위이고, 수입대상국 중 중국에 이어 2위를 차지하고 있다. 한국은 과거 일본에서 부품·소재를 수입해 완성품을 수출했으나, 최근 일본산 부품·소재의 비중이 줄어들면서 무역 동반 관계는 감소하는 추세다. 하지만 일본은 한국의 문화 콘텐츠 수출 시장으로의 비중이 높아지는 추세다.
** 무역협회 한국무역연구원이 한국의 13대 수출 품목을 대상으로 한·일 수출 경합도를 산출한 결과, 2015년 현재 76.8포인트로 한국의 주요 무역상대국인 미국, 중국, 일본 중 일본이 가장 높았다. 또 이 수치는 2011년 71.5포인트에서 상승했다. 수출 경합도는 100포인트에 가까울수록 수출 상품구조가 유사해 경쟁 상태에 있다는 것을 나타낸다.[13]

첫째, J노믹스와 아베노믹스 모두 케인스주의에 바탕을 두고 있다. 특히 케인스주의식 재정 확대를 앞세우고 있다. J노믹스의 '네 바퀴 성장론'에는 재정 확대를 명시적으로 말하고 있진 않지만, 문재인 대통령은 대선 공약을 발표할 때 집권 후 재정지출 증가율을 기존의 연평균 3.5퍼센트에서 연평균 7퍼센트로 올리겠다고 했다. 아베노믹스는 세 가지 화살 정책 중 하나로 적극적 재정정책을 들고 있다. 그러나 한국과 일본의 재정 여력에는 차이가 있다. 한국은 국가채무비율이 40퍼센트쯤으로 위험 임계치가 85~90퍼센트라는 국제적인 기준으로 볼 때 현저히 낮기 때문에 재정 여력이 높다. 하지만 일본은 이미 20년 불황을 거치면서 국가채무비율이 240퍼센트에 육박할 정도로 재정 여력이 떨어졌다. 다만 한국은 재정의 수요가 높아지는 요인인 고령화 속도가 일본보다도 빠른 수준이어서 재정 여력을 사용할 시간이 얼마 남지 않았다. 때문에 사회적으로 용인할 수 있는 재정 여력 사용 조건을 합의하고 재정을 사용해야 한다. 일본 같은 불황에 빠지지 않게 하는 한편, 새로운 성장동력을 만들어낼 필요가 있다.

둘째, J노믹스와 아베노믹스 모두 성장을 약속하고 있다. J노믹스는 진보주의 진영에서 꺼냈고 아베노믹스는 보수주의 진영에서 꺼내 들었다. 그렇지만 둘 다 미래의 성장을 약속하고 있는 '성장론'이라는 점에서 닮았다. 성장의 방법론은 조금 다르다. J노믹스는 포스트 케인스주의자들의 '임금 주도 성장'을 한국화한 '소득 주도 성장'론을 기본으로 해서 슘페터주의식의 '혁신 성장'을 혼합(믹스)하겠다고 나섰다. 아베노믹스는 보수주의 경제학의 감세, 규제 완화와 슘페터주의식의 '기술 혁신 성장 전략'을 혼합해보겠다고 나서고 있다. 둘의 공통점은 기술 혁신으로 '창조적 파괴'에 나서야 한다는 슘페터주의 요소가 있다는 것이다. 기술 혁신은 단순히 R&D에 돈을 집어넣는다고 나오진 않는다. 창의적인 교육으로 새로운 아이디어를 만들어낼 수 있는 미래 인재를 길러내고, 혁신적인 기업들이 성장할 수 있는 기업 생태계를 만들어줘야 한다. 일본은 아베노믹스가 등장하기 전 20년 불황 동안에도 규제 완화와 구조 개혁으로 경직된 일본 기업 생태계를 개혁해보겠다는 시도를 여러 번 했지만 성공하지 못했다. 한국도 J노믹스 이전 정부들이 벤처 육성, 혁신 중소기업 육성, 녹색 성장, 창조 경제 등 비슷한 구호들을 외쳤지만 새로운 성장 산업을 만들어내는 데는 좋은 성적표를 받지 못했다. 그래서 J노믹스와 아베노믹스 둘 다 장기 성장을 이끌어낼 수 있을지는 여전히 의문이다.

셋째, J노믹스는 아베노믹스와 달리 통화·금융정책의 방향이 모호하다. 아베노믹스는 과감한 금융 완화라는 통화·금융정책을 가장 먼저 내세웠다. 일본은행은 QQE 등 기존에 없던 완화적인 통화정책을 써서 엔화를 풀었다. 그 결과 글로벌 시장에서 엔화 가치가 떨어지는 엔저가 나타났다. 엔저는 한국, 중국 등 이웃국가들의 불안감을 높였지만, 글로벌 금융시장을 장악한 미국의 용인을 받으면서 순항 중이다. 그러나 J노믹스는 어떤 통화정책이나 환율정책을 펼지에 대한 명확한 신호를 포함하고 있지 않다. 한국은행은 2017년 11월, 6년

5개월 만에 기준금리를 올렸지만 계속해서 금리를 올리는 긴축 방향이 J노믹스가 원하는 것인지도 분명하지 않다. 달러 대비 원화 환율의 방향도 어디로 가기 원하는지 알기 어렵다. 원화 강세로 가면 당장 달러로 따진 국민소득이 늘어나지만, 원화 강세가 수출 기업의 경쟁력을 떨어뜨려 다시 국민소득을 감소시킬 수 있다. 그래서 J노믹스의 소득 주도 성장이란 방향만 가지고 환율정책의 방향을 예단하기도 어렵다.

어쩌면 통화·금융정책의 방향이 모호한 것이 J노믹스의 특징일 수 있다. 하지만 아베노믹스가 보여준 것처럼 통화정책에 대한 단호한 방향 설정이 경제를 강력하게 추동시키는 요소가 될 수 있다. J노믹스도 이런 점을 고려할 필요가 있다.

성장 담론도 스토리가 있어야 한다

일본 야마구치 현 북부 하기 시. 일본에서 가장 큰 섬인 혼슈에서 동해에 접한 곳이다. 바다를 사이에 두고 부산과 230킬로미터쯤 떨어져 있다. 얼마 전 찾은 하기엔 '메이지 유신 150년'이란 깃발이 곳곳에 나부끼고 있었다. 이곳은 메이지 유신 이전 조슈 번의 중심지였다. 조슈는 사츠마(현 가고시마)와 더불어 에도 막부를 종식시키고 1868년 일본 근대화의 시작을 알리는 메이지 유신 시대를 열었다.

조슈의 영주(다이묘)는 모리 가문이 잇고 있었다. 그 뿌리는 16세기 야마구치 등 일본 중부를 장악했던 모리 모토나리毛利元就로 거슬러올라간다. 모리 모토나리는 일본인들이 초등학교 때 배우는 '세 개의 화살' 이야기의 주인공이다. 그 이야기는 다음과 같다. 모리는 임종에 즈음해 세 아들을 불렀다. 그리고 아들들에게 차례로 화살 한 대씩을 반으로 꺾어보라고 했다. 세 아들은 어렵지 않게 화살을 꺾었다. 모리는 화살 세 대를 한 다발로 만들어 꺾어보라고 했다. 이번엔 아무도 화살 다발을 꺾지 못했다. 모리는 아들들에게 한 사람 한 사람이라면 다른 세력이 넘보겠지만, 셋이 힘을 합치면 다른 세력이 넘보지 못할 것이라는 교훈을 줬다.

아베 신조 일본 총리는 2013년 초 '아베노믹스'를 설명하기 위해 '세 개의 화살' 비유를 꺼냈다. 첫번째 화살로 과감한 금융 완화, 두번째 화살로 적극적 재정정책, 세번째 화살로 미래 성장 전략을 말했다. 이런 아베노믹스의 3대 전략이 함께 가야 한다는 것이다. 아베 총리는 비록 도쿄에서 태어났지만 할아버지가 야마구치 출신이다. 자신의 지역구가 아버지를 이어 야마구치인 점도 '세 개의 화살' 이야기를 꺼낸 것과 무관하진 않을 것이다.

아베노믹스를 자문한 하마다 고이치 예일대 명예교수는 2013년 한 칼럼에서 모리의 '세 개의 화살'과 아베노믹스의 '세 개의 화살'은 차이가 있다고 부연설명했다. 그는 "모리의 화살은 함께 수평으로 날아가지만, 아베의 화살 전략은 서로 구조적으로 얽혀 있다. 첫번째와 두번째 화살은 일본의 실제 성장 경로를 바꾸는 목적이고, 세번째 화살은 가용한 자원과 기술을 최적으로 활용해서 경제의 잠재 성장경로에 영향을 주려는 목적이다"라고 했다.

아베 총리가 '세 개의 화살'이란 말을 꺼낸 순간, 아베노믹스는 무미건조한 '성장론'에 머무르는 게 아니라 '스토리'(이야기)로 발전할 수 있게 됐다. 아베노믹스를 무미건조한 성장론에 입각해 다시 설명해본다면 다음과 같을 것이다. 단기적으로 QQE 등 비전통적 통화정책과 재정 확대를 통해 유효수요 부족을 해결한다. 장기적으론 노동, 자본 투입을 늘릴 수 있도록 경제구조를 개혁하고 생산성을 높여 잠재 성장능력을 높인다.

'노믹스'는 스토리가 되는 순간, 힘을 발휘할 동력을 얻는다. 이 책 서두에서 언급했듯이 '노믹스'는 경제학이란 사회'과학'을 바탕으로 탄생하지만, 종교와 비슷하게 대중의 지지를 얻어야 작동하기 때문이다. 대중의 지지를 얻으려면 우선 관심을 끌어야 한다. 대중의 관심은 스토리에서 나온다.

'주인공−시련−결말'
아베노믹스와 중국 성장에 담긴 스토리

그렇다면 스토리는 무엇인가. 『논픽션 쓰기Story craft』의 저자이자 퓰리처상 심사위원을 역임한 잭 하트에 따르면 스토리의 가장 기본적인 유형은 '주인공protagonist—시련complication—결말resolution'이다. 주인공이 문제를 해결하기 위해 고군분투하고, 그 과정에서 주인공이 문제를 극복하거나 극복하지 못한 결말이 나오는 게 스토리의 가장 기본적인 구성이다. 주인공은 이야기를 능동적으로 끌고 나가고, 자꾸 일을 만드는 사람이다. 여기에 주인공이 '공감을 일으킬 수 있는 성격sympathetic character'이면 금상첨화다.

아베노믹스의 주인공은 일본 경제여도 좋고, 일본 국민이어도 좋고, 아베 총리여도 좋다. 일본 경제는 지난 반세기 동안 '잃어버린 20년'의 문제를 겪었다. 국민들도 경기 침체의 고통을 겪었다. 아베도 1차 내각을 구성했다 퇴진하는 불행을 맞닥뜨렸다. 그런 문제를 해결하기 위해 아베노믹스를 들고나와 '세 개의 화살'을 성장 전략으로 꺼내들었다. 그 와중에 소비세 인상이 있었고 일본 경제가 다시 곤두박질칠 위기에 처했다. 폴 크루그먼 뉴욕시립대 교수, 조지프 스티글리츠 컬럼비아대 교수 등 세계적인 석학들이 조연으로 등장해 일본 경제에 훈수를 둔다. 결국 주가는 오르고, 엔저를 불러온다. 시련을 겪고, 뚫고 나가고 있다. 이런 게 성장 스토리다.

아베노믹스엔 외국인 여행객 폭증이란 또다른 스토리도 등장한다. 2008년 글로벌 금융위기 이후 국내 경기가 타격을 받고, 대외적으론 '슈퍼 엔고' 충격으로 도쿄 긴자의 백화점들에서 고객을 찾아보기 힘들었던 시련을 뚫고 극복했다. 아베노믹스에 따른 엔저로 일본 여행이 싸진데다, 일본 정부는 2020년 도쿄올림픽을 앞두고 관광산업 진흥에 온힘을 다하고 있다. 이에 도쿄 긴자 등 일본 전역엔 해외 관광객이 넘쳐나고 있다. 2017년 일본을 찾은 외국인 관광객은 2,800만 명으로 사상 최대를 기록했다. 3년 전인 2014년엔 한국(1,420만 명)보다 적은 1,350만 명이었다.

아베 총리는 최근 아베노믹스가 150년 전 메이지 유신처럼 일본을 바꿀 계기가 될 수 있다는 이야기를 새로 만들어가고 있다. 아베 총리는 2018년 1월 1일 신년 메시지에서 "150년 전 메이지 일본의 새로운 국가 창조는 식민지 지배의 물결이 아시아로 밀려오는 큰 위기감과 함께 시작했다"며 "지금 일본은 '저출산 고령화'라는 국난이라고도 불러야 할 위기에 있지만, (아베노믹스로) 미래를 바꿀 수 있다"고 했다. 아베노믹스의 성공 여부는 아직 미지수다. 하지만 끊임없이 스토리를 만들어가면서 경제를 이끌어가려 하고 있다.

중국은 또 어떤가. 시코노믹스의 주인공이 중국 경제고 시진핑 국가주석이라고 하자. 2008년 글로벌 금융위기에 케인스주의식 경기부양책을 꺼냈다가 중국 경제는 '유령 도시' '그림자 금융 확산' 등 부작용을 목도하게 됐다. 시련이다. 그 해결책으로 '공급측 구조 개혁'을 꺼내들었다. 고속성장에서 중속성장으로 속도 조절을 하는 대신 국민들 삶의 질은 높이겠다고 했다. 또하나의 성장 스토리다.

여기서 중국 성장 스토리의 각종 소품들도 등장한다. 중국 언론들은 중국의 4대 신발명품을 자랑하고 있다. 인터넷 쇼핑網購, 공유자전거共享單車, 모바일 결제支付寶(알리페이), 고속철高鐵 등이 그것이다. 과거 중국의 4대 발명품이라고 하면 종이, 나침반, 화약, 인쇄술이었다. 그런데 이제는 이 같은 중국의 신 4대 발명품이 중국인들과 세계인들의 삶의 방식을 바꾸고 있다는 것이다.

중국의 인터넷 쇼핑은 세계 전자 상거래 규모의 39퍼센트로 미국을 제치고 세계 1위다. 2016년 기준 중국의 인터넷 쇼핑 구매자 수만 4억 7,000만 명에 달한다. 특히 모바일 결제액은 미국의 1.7배로 세계 모든 나라를 압도하는 수준이다. 이런 인터넷 쇼핑 인프라를 바탕으로 수많은 스타트업들이 중국에서 생겨나고 있다. 중국의 양대 공유 자전거 업체인 오포와 모바이크는 기업 가치가 10억 달러를 넘는 유니콘 기업이다. 모바일 앱으로 주변의 자전거 위치를 검색한 다음 QR코드를 스캔해 잠금장치를 해제하는 방식으로 쉽게 이용할 수 있다는 게 장점이다. 중국의 공유 자전거 비즈니스는 중국에만 머무르지 않고 미국, 영국, 싱가포르 등으로 진출했다.

중국에선 재래시장이나 길거리 노점에서도 모바일 결제가 일상화돼 있다. 1위안(약 170원)도 쉽게 스마트폰 결제가 된다. 문재인 대통령은 2017년 12월 중국을 국빈 방문했을 때, 현지 서민식당에서 테이블 위 바코드를 스캔해 68위안의 식대를 스마트폰으로 결제하고, "이것으로 다 결제가 되는 것이냐"며 놀랐다고 한다. 알리페이, 위챗페이 등 중국의 모바일 결제업체들은 해외 진출도 적극적으로 꾀하고 있다. 고속철도 중국의 자랑거리다. 2016년 말 기준 중국 고속철의 운행거리는 2만 2,000킬로미터로 전 세계 고속철 노선의 60퍼센트를 차지했다. 중국의 중장기 철도망 계획에 따르면 오는 2020년 중국의 고속철 구간은 3만 킬로미터에 이를 것이라고 한다.

이 같은 신 4대 발명품은 중국인들의 라이프스타일을 바꾸고 있다. 그와 함께 태어난 창업가들의 각종 성공 스토리들도 양산되고 있다. 선진국의 발전상에 대해 한 수 접고 들어갔던 중국인들이 자신감을 갖게 된 대목이다. 중국인들은 성장 스토리의 행복한 결말을 이미 경험하고 있다고 느끼고 있다.

J노믹스의 스토리는
무엇이 될 것인가

이제 J노믹스로 눈을 돌려보자. 2017년 5월 문재인 정부가 출범한 이후 J노믹스는 본격적으로 시동을 걸었다. 일자리 중심 경제, 소득 주도 성장, 혁신 성장, 공정 경제 등 '네 바퀴 성장론'을 내걸었다. 하지만 2018년 현재, 아직 성장론 교과서에 나오는 무미건조한 스타일에서 벗어나지 못하고 있는 듯하다. 소득 주도 성장이니 혁신 성장이니 하는 '구호'만 어지럽게 쏟아내고 있다.

그리고 국민들에게 보이는 것은 뭔가 과거에 벌어진 일에 대한 뒷정리만 하고 있는 인상이다. 적폐 청산이란 명분 아래, 과거 캐기에만 열중하는 모습을 보이고 있기 때문이다. 도대체 미래 성장을 위한 비전이 있는 것인지, 어떤 정책을 준비하고 있는 것인지 알아채기 어렵다. 예컨대 최저임금 16.4퍼센트 인상을 두고도, 당장 보이는 것은 경제부처 장관들이 인건비 부담이 늘어난 자영업자나 영세 제조업체에 일자리 안정기금을 받아가라고 뛰는 모습뿐이다. 최저임금이 급격하게 오르면 우리 경제구조가 어떻게 바뀌어야 하는지 비전을 보여주지 못하고 있다. 최저임금 인상으로 저임금 청년 아르바이트 일자리가 줄어들 수 있는데, 그렇다면 고임금 일자리를 많이 만들어 청년들을 흡수해줘야 한다. 혁신 성장 전략으로 보완이 될 수 있는 것이다. 그러나 그런 스토리를 만들어내지 못하고 있다. 이래서는 국민들이 J노믹스의 성장 스토리를 알고 공감하기 어렵다. 스토리는 앞서 언급했듯이 공감이 가는 주인공이 있어야 하고, 주인공이 시련을 겪어야 한다. 그리고 당장은 체험하지 못하더라도 행복한 결말이 기다리고 있다는 걸 예고해야 한다.

문재인 정부의 J노믹스는 성장 스토리를 만들 수 있는 충분한 기반이 있다. 정부 초반 지지율은 고공행진을 하고 있다. 세계 경제는 2008년 글로벌 금융위기 이후 처음으로 2017년에 선진국, 신흥국이 동반성장했다고 평가받을 정도로 훈풍이 불고 있다. 지난 몇 년간 저성장으로 시련을 겪은 한국 경제가 다시 도약할 수 있다는 성장 스토리를 만들 필요조건이 조성돼 있다. 있다. 트럼프 미 대통령이 주도하는 보호무역주의 확산이나 미국의 금리 인상 속도가 가속화될 우려 등이 2018년 한국 경제에 걸림돌이 될 수 있으나, 시련 극복이라는 스토리 구성에는 오히려 좋은 재료가 될 수 있다.

그런데 J노믹스나 아베노믹스 등 각종 '노믹스'가 그리는 스토리라고 해서 마냥 좋은 건 아니다. 아이들이 좋아하는 동화는 '재밌는 이야기'이기는 하지만 현실성이 떨어진다. J노믹스가 만드는 스토리는 그저 국민들을 혹하게 하고 감동만 주고 끝나서는 안 된다. '노믹스'는 종교와 비슷한 전파 과정이 필요하지만, 현실 속에서 구체적인 성장 스토리가 작동하는 게 증명돼야만 지속 가능한 생명력을 갖기 때문이다.

예컨대 J노믹스가 추구하는 '네 바퀴 성장론' 중 한 축인 혁신 성장은 이미 전 세계적으로 무궁무진한 성공과 성장 스토리를 만들어 냈고 실제 성장동력으로 작동하고 있다. 미국은 FANG(페이스북, 아마존, 넷플릭스, 구글)을 선두로 하는 IT 기업들이 주인공이 돼서 성장 스토리를 전파하고 있다. 중국에선 BAT(바이두, 알리바바, 텐센트)라는 3대 IT 기업이 글로벌 규모로 성장하고 있다. 일본에서도 소프트뱅크의 손정의 회장이 첫번째 부자로 손꼽히는 등 혁신 기업들이 주목받고 있다. J노믹스의 정책 담당자들이 조금만 노력하면 성공 스토리의 주인공을 찾아내고 대한민국의 성장 스토리로 만들 수 있을 것이다. J노믹스의 '구호'를 다듬을 시간에 성공 스토리를 찾아내야 한다.

J노믹스는 소득 주도 성장이라는 실험적인 정책을 내포하고 있다. '노믹스'의 추상적 구호만 가진 실험은 성공할 수 없다. 사전에 정교한 설계가 필요하다. 터져나올 수 있는 각종 부작용에 대해서도 더 많은 연구가 필요하다. 경제정책은 이익도 있지만 동시에 비용도 치러야 한다. 과연 새로운 정책 실험으로 얻는 이익과 비용은 얼마나 되는지 따져볼 필요도 있다.

각종 노믹스가 만들어낸 성장 스토리가 효과가 있는지의 평가는 결국 경제 성장률이 될 것이다. 한국 경제는 2011년 이후 2~3퍼센트대 저성장기로 접어들었다. 선진국 성장률과 비교하면 아직 조금 높아 보일지 모른다. 그러나 성장의 질과 구조를 보면 미래가 어두워 보인다. 반도체 등 수출이 호황을 보인다고 하면 3퍼센트대의 성장률을 보이고, 수출이 저조하다 싶으면 2퍼센트 초반으로 성장률이 확 떨어진다. 게다가 한국 경제는 20년의 시차를 두고 일본 경제를 따라가고 있다. 일본 경제는 20년 전 장기불황의 초입에 있었다. 지금 J노믹스는 블랙홀처럼 한국 경제를 저성장 국면으로 빨아들이는 힘과 힘겨운 전투를 앞두고 있는 것이다. 빨리 성장 스토리를 만들어 국민들의 경제심리가 20년 전 일본처럼 패배주의로 빠져들기 전에 성장 궤도로 회복시켜야 한다. 우선적인 목표로는 수출에 기대지 않고도 3~4퍼센트대의 안정적인 내수 주도 성장을 하는 걸 내세울 필요가 있다.

무미건조한 성장론 교과서를 다시 펼쳐보면, 결국 성장은 노동과 자본의 투입, 그리고 생산성 향상에서 나온다. 노동과 자본을 효율적으로 투입하기 위한 방법으론 경제학의 아버지 애덤 스미스가 말한 분업이 있고, 리카도가 얘기한 무역이 있다. 생산성을 높이려면 경제학자 슘페터가 제기한 기술 혁신이 있다.

하지만 좀더 쉽게 생각해보면, 한 경제가 성장을 하기 위해선 누구나 갖고 싶어하는 상품과 서비스를 만들어내야 한다. 그러면 당장 새 상품과 서비스를 이용하는 그 경제에서 삶의 질이 높아질 것이다. 해외에선 그 경제가 만드는 상품과 서비스를 사려고 돈을 싸들고 올 것이다. 그와 같은 경제를 만들려면 창의적인 아이디어가 넘쳐나는 젊은 인력들을 길러내야 한다. 그들이 기득권에 얽매이지 않고 창의적인 상품과 서비스를 만들어낼 수 있는 사회 분위기를 조성해내야 한다. 그렇지 않고, 있는 것을 서로 나눠 갖는 것으로 끝난다면 '황금 알을 낳는 거위'의 배를 가르고 나서 더이상 황금 알을 얻을 곳이 없어지는 꼴이 될 것이다. J노믹스가 과연 우리나라를 성공과 성장 스토리가 넘쳐나고 세계 어디에도 없는 혁신 상품과 서비스가 샘솟는 경제로 만들 수 있을지 지켜봐야 할 것이다.

처음 이 책을 구상했을 때부터 J노믹스와 아베노믹스를 비교하는 게 쉽지 않은 주제라고 생각했다. 실제 책을 써가면서 생각했던 것보다 더 어렵다는 걸 느꼈다. 하지만 이런 주제는 기존 연구자들이 거의 다루지 않았기 때문에 새로운 시도를 한다는 보람이 있었다. 관심 있는 연구자나 연구기관이 더 풍부하게 연구를 확장시켜주길 바란다. 특히 J노믹스와 아베노믹스가 중국 경제의 부상에 대해 어떻게 대응할지는 앞으로 연구자들이 눈여겨봐야 할 주제라고 생각한다.

항상 책을 낼 때마다 관심을 가지고 좋은 조언을 해주는 하준경 한양대 교수, 이강국 리쓰메이칸대학 교수께 감사를 드린다. 바쁜 와중에도 어려운 시간을 내서 도움말을 준 피터 모건 아시아개발은행 연구소 수석연구원, 네모토 나오코根本直子 아시아개발은행연구소 금융 이코노미스트, 박상준 와세다대 교수 등께도 감사를 드린다. 그리고 책이 나오기까지 많은 도움을 주신 정부와 한국은행 관계자들에게도 감사를 드린다. 또 물심양면으로 도와준 조선일보 선후배, 동료들에게 감사를 드린다. 저술 지원대상으로 선정해 이 책이 빛을 보게 해준 방일영문화재단 관계자들에게도 감사를 드린다. 마지막으로 주말마다 노트북 앞에 앉아 있던 저자를 묵묵히 지켜봐준 가족들에게 감사를 전한다. 여기에 일일이 이름을 쓰진 않았지만 이 책이 나오기까지 도움을 준 모든 분들께 감사의 말씀을 드린다.

1장. J노믹스의 탄생

1. 케인스, 조순 역, 『일반이론』, 비봉출판사, 1985.
2. 장하준, 김희정 역, 『장하준의 경제학 강의』, 부키, 2014.
3. 로버트 스키델스키, 고세훈 역, 『존 메이너드 케인스』, 후마니타스, 2009.
4. 류동민·주상영, 『우울한 경제학의 귀환』, 한길사, 2015.
5. 장하준, 같은 책.
6. 니컬러스 웝숏, 김홍식 역, 『케인스 하이에크』, 부키, 2014.
7. 니컬러스 웝숏, 같은 책.
8. 니컬러스 웝숏, 같은 책.
9. 장하준, 같은 책.
10. 문재인, 『1219 끝이 시작이다』, 바다출판사, 2013.
11. 문재인, 같은 책.
12. 고용노동부 보도자료, 2018년 1월 26일.

13. 오덕교, '가계소득 증대 3대 패키지의 영향에 대한 소고', 「CGS Report」, 5권 3호, 한국기업지배구조원, 2015.

14. 임동원, '사내유보금 과세제도의 평가와 정책적 시사점', 「KERI Brief」, 한국 경제연구원, 2017.

2장. 아베노믹스의 탄생

1. 유재수, 『세계를 뒤흔든 경제 대통령들』, 삼성경제연구소, 2013.

2. 금융동향센터, '일본의 디플레 극복 노력: 1930년대와 최근 경험의 비교 및 시사점', 「주간 금융브리프」, 24권 26호, 금융연구원, 2015.

3. Masazumi Wakatabe, "Turning Japanese? Lessons from Japan's Lost Decade to the Current Crisis", *Center on Japanese Economy and Business Working Papers* , No. 309, Columbia University, 2012.

4. Masazumi Wakatabe, 같은 글.

5. Olivier Blanchard and Adam S. Posen, "Getting Serious about Wage Inflation in Japan", *Nikkei Asian Review*, 2015.

3장. 크루그먼, 버냉키, 서머스, 그리고……

1. Paul Krugman, "Keynesianism Explained", *New York Times*, September 15, 2015.

2. Ben Bernanke, "Japanese Monetary Policy: A Case of Self-Induced Paralysis?", ASSA, 1999.

3. Ben Bernanke, "Some Thoughts on Monetary Policy in Japan", the

Federal Reserve Board, 2003.

4. Olivier Blanchard, "The State of Macro", *NBER Working Paper*, No. 14259, NBER, 2008.

5. Olivier Blanchard et. al., "Rethinking Macroeconomic Policy", *IMF Staff Position Note*, IMF, 2010.

6. Olivier Blanchard et. al., 같은 글.

7. Jo Craven McGinty, "Fed Officials Encourage Reassessment of Inflation Target", *New York Times*, January 9, 2018.

8. Ben Bernanke, "Some Reflections on Japanese Monetary Policy", Brookings Institution, 2017.

9. Era Dabla-Norris et. al., "Causes and Consequences of Income Inequality: A Global Perspective", IMF, 2015.

4장. 포스트 케인스주의와 J노믹스

1. 국회예산정책처, 'G20 국가의 경기부양: 재정정책의 유형/해외사례', 2009.

2. Marc Lavoie, *Post-Keynesian Economics: New Foundations*, Edward Elgar, 2015.

3. 장하준, 김희정 역, 『장하준의 경제학 강의』.

4. 장하준, 같은 책.

5. Marc Lavoie, 같은 글.

6. Marc Lavoie and Engelbert Stockhammer, "Wage-led growth: Concept, theories and policies", ILO, 2012.

7. Özlem Onaran and Giorgos Galanis, "Is aggregate demand wage-led or profit-led? National and global effects", ILO, 2012.

8. 홍장표, '한국의 노동소득 분배율 변동이 총수요에 미치는 영향: 임금 주도

성장 모델의 적용 가능성', 『사회경제평론』, 제43호, 한국사회경제학회, 2014.; 홍장표, '한국의 기능적 소득 분배와 경제 성장: 수요 체제와 생산성 체제 분석을 중심으로', 『경제발전연구』, 제20권 제2호, 한국경제발전학회, 2014.

9. 전수민·주상영, '한국의 기능적 분배와 총수요: 단일방정식 접근', 『사회경제평론』, 제51호, 한국사회경제학회, 2016.

10. 김진일, '소규모 개방 경제에서 소득 분배가 성장에 미치는 영향: 칼레츠키안 모형을 이용한 실증분석', 『사회경제평론』, 제42호, 한국사회경제학회, 2013.

11. 표학길, '소득 주도 성장과 이윤 주도 성장', 『한국경제의 분석』, 제22권 제2호, 한국금융연구원, 2016.

12. Engelbert Stockhammer, "Wage-led growth: An Introduction", *International Journal of Labor Research*, Vol. 3, Issue 2, ILO, 2011.

13. 이상헌, '소득 주도 성장: 이론적 가능성과 정책적 함의', 『사회경제평론』 43호, 한국사회경제학회, 2014.

14. 홍장표, '소득 주도 성장의 전략과 정책 과제', 『노사공포럼』, 제33호, 노사공포럼, 2015.

15. 국회예산정책처 재정통계, 2017.

16. 이상헌, 같은 글.

17. 김정훈·민병길·박원익, '소득 주도 성장의 쟁점 및 정책적 시사점', 『이슈&진단』, 제296호, 경기연구원, 2017.

18. 김정훈·민병길·박원익, '소득 주도 성장의 쟁점 및 정책적 시사점'에서 발췌해서 인용.; 이병희, '노동소득 분배율 측정 쟁점과 추이', 『월간 노동리뷰』, 노동연구원, 2015 참조.; 이강국, '소득 주도 성장: 이론, 실증, 그리고 한국의 논쟁', 『재정학연구』, 제10권 제4호, 한국재정학회, 2017 참조.

19. Dale Belman and Paul Wolfson, *What Does the Mininmum Wage Do?*, W.E. UPjohn Institution, 2014.

20. 금재호, 「최저임금의 평가와 정책 과제」, 국민정책연구원, 2017.

21. 황경진, '12차 5개년 규획 시기 중국 최저임금 인상 배경 및 시사점', 『중소기

업포커스」, 제17–18호, 중소기업연구원, 2017.

22. 황경진, 같은 글.

23. 이강국, 같은 글.

24. 이강국, 같은 글.

25. 이강국, 같은 글.

26. Marc Lavoie, 같은 글.

27. 문우식, '슘페터의 신용과 케인스의 파이낸스', 『경제논집』, 제39권 제1호, 서울대경제연구소, 2000.

5장. 케인스주의에서 구조 개혁으로, '시코노믹스'

1. "Keynes v Hayek in China", *Economist*, November 17, 2011.

2. Malcolm Warner, "On Keynes & China: Keynesianism 'With Chinese Characteristics'", *Cambridge Judge Business School Working Paper*, No. 2/2014, University of Cambridge, 2014.

3. Malcolm Warner, 같은 글.

4. Paul Trescott, "How Keynesian Economics Came to China", *History of Political Economy*, 44:2, 2012.

5. Lin Yifu, "Beyond Keynes", *World Policy Journal*, 2011.

6. Lin Yifu, 같은 글.

7. "七問供給側結構性改革", 《人民日報》, 2016년 1월 4일.

8. "開局首季問大勢", 《人民日報》, 2016년 5월 9일.

9. "在省部級主要領導幹部學習貫徹黨的十八屆五中全會精神專題研討班上的講話", 《人民日報》, 2016년 5월 10일.

10. "Reaganomics finds a home in Xi's China", *Nikkei Asian Review*, March 9, 2017.

11. IMF, World Economic Outlook Update, January 2018.
12. "在省部級主要領導幹部學習貫徹黨的十八屆五中全會精神專題研討會班上的講話", 《人民日報》, 2016년 5월 10일.
13. Marco P. Marrazzo and Alessio Terzi, "Structural reform waves and economic growth", *ECB Working Paper Series*, No. 2111, European Central Bank, 2017.

6장. J노믹스, 아베노믹스, 그리고 한국 경제의 미래

1. IMF, IMF-한국 연례협의 마무리 보도자료, 2017년 11월 14일.
2. 한국은행, 「글로벌 부채 현황 및 시사점」, 2017년 8월.
3. IMF, IMF-일본 연례협의 마무리 보도자료, 2017년 7월 31일.
4. David Weinstein, "Week yen is Japan's best bet for growth", *Nikkei Asian Review*, January 5, 2015.
5. 이지평·이근태·류상윤, 「우리는 일본을 닮아가는가」, 이와우, 2016.
6. 조동철 편, 「우리 경제의 역동성: 일본과의 비교를 중심으로」, 한국개발연구원, 2014.
7. 조동철 편, 같은 글.
8. Edda Zoli, "Korea's Challenges Ahead-Lessons from Japan's Experience", *IMF Working Paper*, 17/2, IMF, January 18, 2017.
9. 이지평, '일본 장기불황의 교훈', 한국경제의 진단과 경제구조 개선방안 세미나 자료, 2014년 12월 9일.
10. 김주훈·김인숙·정진성, 「경제 환경의 변화와 경제구조의 진화적 적응: 독일과 일본의 사례를 중심으로」, 한국개발연구원, 2014.
11. Martin Baily, "Trump's formula for growing the U.S. economy-what will work and what won't", Brookings institution, 2018.

12. 매일경제 경제부, 『문재인 노믹스』, 매일경제신문사, 2017.

13. 문병기, 「세계 수출 시장에서 우리나라 주력 품목의 경쟁력 국제 비교」, 무역협회 국제무역연구원, 2016.

참고문헌

- 강경식, 『국가가 해야 할 일, 하지 말아야 할 일』, 김영사, 2010.
- 강만수, 『현장에서 본 경제위기 대응실록』, 삼성경제연구소, 2015.
- 금융동향센터, '일본의 디플레 극복 노력: 1930년대와 최근 경험의 비교 및 시사점', 『주간 금융브리프』, 24권 26호, 금융연구원, 2015.
- 금재호, 「최저임금의 평가와 정책 과제」, 국민정책연구원, 2017.
- 김대기, 『덫에 걸린 한국 경제』, 김영사, 2013.
- 김민창, '소득 주도 성장 관련 주요 쟁점 및 보완 과제', 「입법 및 정책과제」, 제8호, 국회입법조사처, 2017.
- 김정훈·민병길·박원익, '소득 주도 성장의 쟁점 및 정책적 시사점', 「이슈&진단」, 제296호, 경기연구원, 2017.
- 김종인, 『지금 왜 경제민주화인가』, 동화출판사, 2012.
- 김주훈·김인숙·정진성, 「경제 환경의 변화와 경제구조의 진화적 적응: 독일과 일본의 사례를 중심으로」, 한국개발연구원, 2014.
- 김진일, '소규모 개방 경제에서 소득 분배가 성장에 미치는 영향: 칼레츠키안

모형을 이용한 실증분석, 『사회경제평론』, 제42호, 한국사회경제학회, 2013.

- 김현철, 『어떻게 돌파할 것인가』, 다산북스, 2015.
- 류동민·주상영, 『우울한 경제학의 귀환』, 한길사, 2015.
- 매일경제 경제부, 『문재인 노믹스』, 매일경제신문사, 2017.
- 문병기, 「세계 수출 시장에서 우리나라 주력 품목의 경쟁력 국제 비교」, 무역협회 국제무역연구원, 2016.
- 문우식, '슘페터의 신용과 케인스의 파이낸스', 『경제논집』, 제39권 제1호, 서울대경제연구소, 2000.
- 문재인, 『사람이 먼저다』, 퍼플카우, 2012.
- 문재인, 『1219 끝이 시작이다』, 바다출판사, 2013.
- 박상준, 『불황터널』, 매일경제신문사, 2016.
- 박종규, '낙수효과 복원을 위한 정책 과제', 「KIF정책보고서」, 2014-14, 한국금융연구원, 2014.
- 박종제·박소연·이수정, 「아베 신조와 다카하시 고레키요」, 한국투자증권, 2013.
- 방현철, 『중앙은행의 결정적 한마디』, 이콘, 2013.
- 변양균, 『경제철학의 전환』, 바다출판사, 2017.
- 여인만, '아베노믹스를 둘러싼 논점', 「일본비평」, 15호, 서울대일본연구소, 2016.
- 오덕교, '가계소득 증대 3대 패키지의 영향에 대한 소고', 「CGS Report」, 5권 3호, 한국기업지배구조원, 2015.
- 유재수, 『세계를 뒤흔든 경제 대통령들』, 삼성경제연구소, 2013.
- 이강국, '소득 주도 성장: 이론, 실증, 그리고 한국의 논쟁', 『재정학연구』, 제10권 제4호, 한국재정학회, 2017.
- 이근태·심순형, 「한국의 소득 주도 성장 여건과 정책 효과 제고 방안」, LG경제연구원, 2017.
- 이병희, '노동소득 분배율 측정 쟁점과 추이', 『월간 노동리뷰』, 노동연구원,

2015.

- 이상헌, '소득 주도 성장: 이론적 가능성과 정책적 함의', 『사회경제평론』, 제 43호, 한국사회경제학회, 2014.
- 이상헌, 『우리는 조금 불편해져야 한다』, 생각의힘, 2015.
- 이지평·이근태·류상윤, 『우리는 일본을 닮아가는가』, 이와우, 2016.
- 임동원, '사내유보금 과세제도의 평가와 정책적 시사점', 『KERI Brief』, 한국경제연구원, 2017.
- 전수민·주상영, '한국의 기능적 분배와 총수요: 단일방정식 접근', 『사회경제평론』, 제51호, 한국사회경제학회, 2016.
- 정태인 외, 『리셋 코리아』, 미래를소유한사람들, 2012.
- 조동철 편, 「우리 경제의 역동성: 일본과의 비교를 중심으로」, 한국개발연구원, 2014.
- 조영남, '2016년 중국 경치의 현황과 전망', 「2016 중국정세보고」, 국립외교원 중국연구센터, 2016.
- 주상영, '진보적 성장 담론의 현황과 평가', 『사회경제평론』, 제41호, 한국사회경제학회, 2013.
- 주상영, '소득 주도 성장론에 대한 비판과 반비판', 사회경제학회 여름학술대회 발표문, 2017.
- 표학길, '소득 주도 성장과 이윤 주도 성장', 「한국경제의 분석」, 제22권 제2호, 한국금융연구원, 2016.
- 홍성국, 『세계가 일본된다』, 메디치미디어, 2014.
- 홍장표, '한국의 노동소득 분배율 변동이 총수요에 미치는 영향: 임금 주도 성장 모델의 적용 가능성', 『사회경제평론』, 제43호, 한국사회경제학회, 2014.
- 홍장표, '한국의 기능적 소득 분배와 경제 성장: 수요 체제와 생산성 체제 분석을 중심으로', 『경제발전연구』, 제20권 제2호, 한국경제발전학회, 2014.
- 홍장표, '소득 주도 성장의 전략과 정책 과제', 「노사공포럼」, 제33호, 노사공포럼, 2015.

- 황경진, '12차 5개년 규획 시기 중국 최저임금 인상 배경 및 시사점', 「중소기업포커스」, 제17-18호, 중소기업연구원, 2017.

- Antonio Dias Da Silva and Audrey Givone and David Sondermann, "When do countries implement structural reforms?", *ECB Working Paper Series*, No 2078, European Central Bank, 2017.
- Ben Bernanke, "Japanese Monetary Policy: A Case of Self-Induced Paralysis?", ASSA, 1999.
- Ben Bernanke, "Some Thoughts on Monetary Policy in Japan", the Federal Reserve Board, 2003.
- Ben Bernanke, "Why are interest rates so low, part 2: Secular stagnation", Bernanke blog, 2015.
- Ben Bernanke, *The Courage to Act*, Norton, 2015. (벤 버냉키, 「행동하는 용기」, 까치, 2015.)
- Ben Bernanke, "Some Reflections on Japanese Monetary Policy", Brookings Institution, 2017.
- Dale Belman and Paul Wolfson, *What Does the Mininmum Wage Do?*, W.E. UPjohn Institution, 2014.
- Daniel Raff and Larry Summers, "Did Henry Ford Pay Efficiency Wages?", *NBER Working Paper*, No. 2101, NBER, 1986.
- David Weinstein, "Week yen is Japan's best bet for growth", *Nikkei Asian Review*, January 5, 2015.
- David Card and Alan Krueger, "Minimum Wages and Employment: A Case Study of the Fast-Food Industry in New Jersey and Pennsylvania", *The American Economic Review*, Vol. 84, Issue 4, 1994.

- Edda Zoli, "Korea's Challenges Ahead—Lessons from Japan's Experience", *IMF Working Paper*, 17/2, IMF, January 18, 2017.
- Elif Arbatli et. al., "Reflation Japan: Time to Get Unconventional", *IMF Working Paper*, 16/157, IMF, 2016.
- Engelbert Stockhammer, "Wage-led growth: An Introduction", *International Journal of Labor Research*, Vol. 3, Issue 2, ILO, 2011.
- Era Dabla-Norris and Kalpana Kochhar and Nujin Suphaphiphat and Frantisek Ricka and Evridiki Tsounta, "Causes and Consequences of Income Inequality : A Global Perspective", IMF, 2015.
- Haruhiko Kuroda, "Quantitative and Qualitative Monetary Easing with Yield Curve Control: After Half a Year since Its Introduction", the Bank of Japan, 2017.
- Ha-Joon Chang, *Economics: The User's Guide*, Pelican, 2014. (장하준, 『장하준의 경제학 강의』, 부키, 2014.)
- Jack Hart, *Storycraft*, The University of Chicago Press, 2011. (잭 하트, 『논픽션 쓰기』, 유유, 2015.)
- John Maynard Keynes, *The General Theory of Employment, Interest and Money*, Palgrave Macmillan, 1936. (케인스, 『일반이론』, 비봉출판사, 1985.)
- Larry Summers and Ed Balls, "Report of Commission on Inclusive Prosperity", Center for American Progress, 2015.
- Larry Summers, "On Secular Stagnation: A Response to Bernanke", Summers blog, 2015.
- Malcolm Warner, "On Keynes & China: Keynesianism 'With Chinese Characteristics'", *Cambridge Judge Business School Working Paper*, No. 2/2014, University of Cambridge, 2014.
- Marc Lavoie and Engelbert Stockhammer, "Wage-led growth:

Concept, theories and policies", ILO, 2012.

- Marc Lavoie, *Introduction to Post-Keynesian Economics*, Palgrave Macmillan, 2009. (마크 라부아, 『포스트 케인스학파 경제학 입문』, 후마니타스, 2016.)
- Marc Lavoie, *Post-Keynesian Economics: New Foundations*, Edward Elgar, 2015.
- Marco P. Marrazzo and Alessio Terzi, "Structural reform waves and economic growth", *ECB Working Paper Series*, No. 2111, European Central Bank, 2017.
- Martin Baily, "Trump's formula for growing the U.S. economy—what will work and what won't", Brookings institution, 2018.
- Masazumi Wakatabe, "Turing Japanese? Lessons from Japan's Lost Decade to the Current Crisis", *Center on Japanese Economy and Business Working Papers*, No. 309, Columbia University, 2012.
- Nicholas Wapshott, *Keynes Hayek: The Clash that Defined Modern Economics*, W. W. Norton & Company, 2012. (니컬러스 웝숏, 『케인스 하이에크』, 부키, 2014.)
- Olivier Blanchard, "The State of Macro", *NBER Working Paper*, No. 14259, NBER, 2008.
- Olivier Blanchard and Adam S. Posen, "Getting Serious about Wage Inflation in Japan", *Nikkei Asian Review*, 2015.
- Olivier Blanchard and Giovanni Dell'Ariccia and Paolo Mauro, "Rethinking Macroeconomic Policy", *IMF Staff Position Note*, IMF, 2010.
- Özlem Onaran and Giorgos Galanis, "Is aggregate demand wage—led or profit—led? National and global effects", ILO, 2012.
- Paul Krugman "It's Baaack: Japan's Slump and the Return of the

Liquidity Trap", Brookings Institution, 1998.

- Paul Krugman, "How Did Economists Get It So Wrong?", *New York Times Magazine*, 2009.
- Paul Trescott, "How Keynesian Economics Came to China", *History of Political Economy*, 44:2, 2012.
- Philippe Aghion and Peter Howitt, *The Economics of Growth* , The MIT press, 2009.
- Robert Gordon, *The Rise and Fall of American Growth*, Princeton University Press, 2016. (로버트 고든, 『미국의 성장은 끝났는가』, 생각의힘, 2017.)
- Robert Skidelsky, *John Maynard Keynes 1883-1946*, Penguin Books, 2003. (로버트 스키델스키, 『존 메이너드 케인스』, 후마니타스, 2009.)
- Robet Barro and Sala-i-Martin Xavier, *Economic Growth*, McGraw-Hill, 1995.

- リチャード・クー, 『バランスシート不況下の世界経済』, 德間書店, 2013. (리처드 쿠, 『밸런스시트 불황으로 본 세계 경제』, 어문학사, 2014.)
- 本田悦朗, 『アベノミクスの真実』, 幻冬舎, 2013.
- 浜田宏一, 『アメリカは日本經濟の復活を知っている』, 講談社, 2013.
- 浜田宏一・ポール・クルーグマン, 『2020年 世界經濟の勝者と敗者』, 講談社, 2016.

J노믹스 vs. 아베노믹스
: 대통령의 경제학, '노믹스'에서 찾는 경제 비전

1판 1쇄	2018년 8월 7일
1판 2쇄	2018년 11월 2일

지은이	방현철
펴낸이	김승욱
편집	고아라 김승욱 심재헌
디자인	김선미
마케팅	최향모 강혜연 이지민
온라인마케팅	김희숙 김상만 이천희 이가을
제작	강신은 김동욱 임현식

펴낸곳	이콘출판(주)
출판등록	2003년 3월 12일 제406-2003-059호

주소	10881 경기도 파주시 회동길 455-3
전자우편	book@econbook.com
전화	031-8071-8677
팩스	031-8071-8672

ISBN 979-11-89318-01-7 03320

＊이 도서의 국립중앙도서관 출판시도서목록(CIP)은 e-CIP 홈페이지(http://www.nl.go.kr/ecip)와 국가자료공동목록시스템(http://www.nl.go.kr/kolisnet)에서 이용하실 수 있습니다. (CIP제어번호: CIP2018022632)